CONTABILIDADE APLICADA AO SETOR PÚBLICO

para o Exame de Suficiência do CFC

Bacharel em Ciências Contábeis

O livro é a porta que se abre para a realização do homem.

Jair Lot Vieira

Ricjardeson Dias

CONTABILIDADE APLICADA AO SETOR PÚBLICO

PARA O
EXAME DE SUFICIÊNCIA
DO CFC
PARA BACHAREL EM CIÊNCIAS CONTÁBEIS

- CONSELHO FEDERAL DE CONTABILIDADE
- Elaborado de acordo com a Resolução nº 1373, de 14 de dezembro de 2011, do Conselho Federal de Contabilidade

CONTABILIDADE APLICADA AO SETOR PÚBLICO
para o Exame de Suficiência do CFC
Ricjardeson Dias

1ª edição 2012

© *desta edição: Edipro Edições Profissionais Ltda. – CNPJ nº 47.640.982/0001-40*

Editores:	Jair Lot Vieira e Maíra Lot Vieira Micales
Produção editorial:	Murilo Oliveira de Castro Coelho
Assessor editorial:	Flávio Ramalho
Revisão:	Ivone Teixeira
Arte:	Danielle Mariotin e Mariana M. Ricardo

Dados de Catalogação na Fonte (CIP) Internacional
(Câmara Brasileira do Livro, SP, Brasil)

Dias, Ricjardeson
Contabilidade aplicada ao setor público : para o exame de suficiência do CFC : bacharel em ciências contábeis / Ricjardeson Dias. – São Paulo : EDIPRO, 2012. – (Coleção exame de suficiência)

Bibliografia
ISBN 978-85-7283-808-5

1. Contabilidade pública 2. Contabilidade pública - Brasil I. Título. II. Série.

12-00814   CDD-657.61

Índices para catálogo sistemático:
1. Contabilidade pública 657.61

edições profissionais ltda.
São Paulo: Fone (11) 3107-4788 – Fax (11) 3107-0061
Bauru: Fone (14) 3234-4121 – Fax (14) 3234-4122
www.edipro.com.br

Sumário

Apresentação 11
Agradecimentos 13

capítulo 1 **Estrutura conceitual** 15
    1.1. As normas brasileiras de contabilidade aplicadas ao setor público 15
    1.2. contabilidade aplicada ao setor público 17
        1.2.1. Conceito 17
        1.2.2. Campo de aplicação 18
        1.2.3. Objeto 19
        1.2.4. Objetivo 19
        1.2.5. Função social 19

capítulo 2 **Princípios de contabilidade** 21
    2.1. Princípio da entidade 21
    2.2. Princípio da continuidade 22
    2.3. Princípio da oportunidade 23
    2.4. Princípio do registro pelo valor original 25
    2.5. Princípio da competência 28
    2.6. Princípio da prudência 29

capítulo 3 **Orçamento público** 31
    3.1. Conceito 31

3.2. Leis de planejamento/orçamento 32
   3.2.1. Plano Plurianual — PPA 33
   3.2.2. Lei de Diretrizes Orçamentárias — LDO 33
   3.2.3. Lei Orçamentária Anual — LOA 34
3.3. Ciclo orçamentário 35
   3.3.1. Elaboração da proposta 36
   3.3.2. Discussão e aprovação 36
   3.3.3. Execução e acompanhamento 37
   3.3.4. Controle e avaliação 37
3.4. Exercício financeiro 38
3.5. Tipos de orçamento público 38
   3.5.1. Orçamento clássico ou tradicional 38
   3.5.2. Orçamento de desempenho ou de realizações 39
   3.5.3. Orçamento-programa 39
   3.5.4. Orçamento participativo 40
3.6. Princípios orçamentários 40
   3.6.1. Princípio da unidade 40
   3.6.2. Princípio da universalidade 41
   3.6.3. Princípio da anualidade 41
   3.6.4. Princípio da exclusividade 41
   3.6.5. Princípio da especificação 42
   3.6.6. Princípio da publicidade 42
   3.6.7. Princípio do equilíbrio 42
   3.6.8. Princípio da não afetação da receita 43
3.7. Créditos adicionais 43
   3.7.1. Créditos suplementares 43
   3.7.2. Créditos especiais 44
   3.7.3. Créditos extraordinários 45
   3.7.4 Fontes adicionais para abertura de créditos 46

capítulo 4 **Receita e despesa públicas** 49
4.1. Receita sob o enfoque orçamentário 49
   4.1.1. Conceito 49
   4.1.2. Classificações da receita 50
      4.1.2.1. Quanto à obrigatoriedade 50

4.1.2.2. Quanto à regularidade ou constância 50
4.1.2.3. Quanto ao impacto na situação líquida
patrimonial 51
4.1.2.4. Quanto à natureza 51
4.1.3. Estágios da receita orçamentária 58
4.1.4. Codificação da receita 61
4.2. Despesa sob o enfoque orçamentário 64
4.2.1. Conceito 64
4.2.2. Classificações 64
4.2.2.1. Quanto à repercussão patrimonial 64
4.2.2.2. Quanto à natureza 64
4.2.3. Modalidade de aplicação 67
4.2.4. Estágios da despesa 69
4.3. Receita sob o enfoque patrimonial
(variação patrimonial aumentativa) 72
4.4. Despesa sob o enfoque patrimonial
(variação patrimonial diminutiva) 74

capítulo 5 **Patrimônio público** 77
5.1. Patrimônio público: definições e classificações 77
5.1.1. Definição 77
5.1.2. Classificação 78
5.1.3. Classificações do ativo 78
5.1.4. Classificações do passivo 80
5.2. Sistema contábil público 82
5.2.1. Estrutura do sistema contábil 82
5.3. Planejamento e seus instrumentos sob o
enfoque contábil 83
5.3.1. Escopo da evidenciação 84
5.4. Transações no setor público 84
5.4.1. Natureza das transações no setor público e seus
reflexos no patrimônio público 85
5.4.2. Variações patrimoniais 85
5.4.3. Transações que envolvem valores de terceiros 86

capítulo 6 **Registro, mensuração e avaliação no setor público** 87

6.1. Plano de Contas Aplicado ao Setor Público — PCASP 87

6.1.1. Conceito, objetivos e abrangência 87
6.1.2. Contas contábeis 88
6.1.2.1. Tipos de contas 89
6.1.2.2. Características das contas 90
6.1.3. Estrutura e peculiaridades 90
6.1.3.1. Contas patrimoniais 91
6.1.3.2. Contas de resultado 93
6.1.3.3. Contas de controle orçamentário 95
6.1.3.4. Contas típicas de controle 96

6.2. Registro contábil 97

6.2.1. Características das informações contábeis 98
6.2.2. Requisitos para o registro contábil 100
6.2.3. Elementos essenciais do registro contábil 101
6.2.4. Lançamentos contábeis típicos do setor público 101

6.3. Segurança da documentação contábil 117

6.4. Mensuração e avaliação 117

6.4.1. Reconhecimento e bases de mensuração ou avaliação aplicáveis 117
6.4.2. Depreciação, amortização e exaustão 118
6.4.2.1. Critérios de mensuração e reconhecimento 120
6.4.2.2. Métodos de depreciação, amortização e exaustão ... 121
6.4.2.2.1. Método das quotas constantes ou em linha reta 121
6.4.2.2.2. Método das somas dos dígitos 122
6.4.2.2.3. Método das unidades produzidas 122
6.4.2.3. Divulgação 123
6.4.3. Disponibilidades 123
6.4.4. Créditos e dívidas 124
6.4.5. Estoques 124
6.4.6. Investimentos permanentes 125
6.4.7. Imobilizado 125
6.4.8. Intangível 126

6.4.9. Diferido 127
6.4.10. Reavaliação e redução ao valor recuperável 127

capítulo 7 **Demonstrações contábeis e o processo de consolidação** 129

7.1. Introdução 129
7.2. Balanço orçamentário 130
    7.2.1. Noções iniciais 130
    7.2.2. Análise do balanço orçamentário 134
7.3. Balanço financeiro 134
    7.3.1. Noções iniciais 134
    7.3.2. Análise do balanço financeiro 136
7.4. Balanço patrimonial 136
    7.4.1. Noções iniciais 136
    7.4.2. Análise do balanço patrimonial 140
7.5. Demonstrações das variações patrimoniais 140
    7.5.1. Noções iniciais 140
    7.5.2. Análise da demonstração das variações patrimoniais 144
7.6. Demonstração dos fluxos de caixa 145
    7.6.1. Noções iniciais 145
    7.6.2. Análise da demonstração dos fluxos de caixa 145
7.7. Demonstração do resultado econômico 148
    7.7.1. Noções iniciais 148
7.8. Demonstração das mutações do patrimônio líquido 150

capítulo 8 **Controle interno** 153

8.1. Introdução 153
8.2. Abrangência 153
8.3. Classificação 154
8.4. Estrutura e componentes 154

Questões comentadas 157

Apresentação

Ao tempo em que agradeço o convite feito pela EDIPRO Edições Profissionais para realização desta obra, venho externar minha satisfação em apresentar aos estudantes e profissionais da área contábil este trabalho de produção científica voltado à contabilidade aplicada ao setor público.

A conclusão do curso de bacharelado em ciências contábeis, logo seguida pela especialização em contabilidade aplicada ao setor público, despertou-me o interesse pelos estudos na área. A necessidade de aprofundamento das pesquisas provém da minha participação, durante os anos 2009 e 2010, nos grupos de trabalho da Secretaria do Tesouro Nacional que, em conjunto com importantes entidades do poder público, implementaram a edição do *Manual de Contabilidade Aplicada ao Setor Público* (MCASP).

Além disso, o exercício do cargo de analista do Tesouro Estadual da Secretaria da Fazenda do Estado do Piauí, e a atuação como professor de cursos de graduação e preparatórios para concursos reuniram condições de aliar os conhecimentos teóricos aos práticos em matéria de contabilidade pública.

Diante das recentes mudanças ocorridas na legislação contábil, especialmente com a edição do MCASP e publicação das Normas Brasileiras de Contabilidade (NBCT 16) pelo Conselho Federal de Contabilidade, vê-se a necessidade de materiais de estudo voltados a essa área do conhecimento.

Em razão da carência de livros na área, a necessidade de material atualizado tornou-se ainda mais urgente com o retorno do Exame de Suficiência, regulamentado pela Resolução CFC nº 1.373, de 8 de dezembro de 2011. A prova é requisito obrigatório para aquisição do registro profissional junto ao Conselho Regional de Contabilidade.

Assim, temos convicção de que este trabalho contribuirá para que os estudos em matéria contábil, em especial a do setor público, sejam mais eficientes, atualizados, e atendam às necessidades dos exames e concursos.

Agradecimentos

Esta obra não seria possível sem a ajuda de pessoas especiais, que direta ou indiretamente contribuíram para sua realização. Primeiramente, gostaria de agradecer ao Murilo Coelho, da EDIPRO Edições Profissionais, pelo convite para elaborar este trabalho, bem como a todos os membros da editora pela iniciativa da coletânea.

Gostaria de deixar registrados meus agradecimentos aos estudantes e professores dos cursos de ciências contábeis, em especial aos da Faculdade Santo Agostinho e Universidade Estadual do Piauí.

Por fim, estendo meus agradecimentos à minha esposa, Eronildes Cavalcante Alexandre e aos meus pais, Josué Oliveira Dias e Neli Ribeiro da Rocha Dias, pelo apoio e compreensão nesse período em que tive de me ausentar do convívio familiar.

capítulo · 1

Estrutura conceitual

1.1. AS NORMAS BRASILEIRAS DE CONTABILIDADE APLICADAS AO SETOR PÚBLICO

Em 21 de novembro de 2008 foram aprovadas, pelo Conselho Federal de Contabilidade, as normas brasileiras de contabilidade aplicadas ao setor público (NBC T 16), dando início a uma grande mudança na contabilidade governamental brasileira.

Compreende-se que o Conselho Federal de Contabilidade (CFC), ao dar ensejo à formulação de tais normas, teve por intuito contribuir para a uniformização de práticas e procedimentos contábeis.

Apresenta-se a seguir um breve resumo das normas que compõem a NBC T 16, divididas em 11 itens:

1. NBC T 16.1 — Conceituação, objeto e campo de aplicação

    Essa norma objetiva o estabelecimento da conceituação, do objeto e do campo de aplicação da contabilidade pública. A contabilidade pública aplica, no processo gerador de informações, os princípios e as normas contábeis voltados à gestão patrimonial de entidades públicas, fornecendo informações necessárias ao entendimento de todos os resultados obtidos, em apoio ao processo de tomada de decisão e à adequada prestação de contas. Tem-se como objeto o patrimônio da entidade pública.

2. NBC T 16.2 — Patrimônio e sistemas contábeis

    Essa norma traz a definição do patrimônio público e a classificação dos elementos patrimoniais sob o aspecto contábil, além de estabelecer o conceito de sistema e de subsistemas de informações contábeis para as entidades públicas.

3. NBC T 16.3 — Planejamento e seus instrumentos sob enfoque contábil

Essa norma estabelece as bases para o controle contábil do planejamento desenvolvido pelas entidades do setor público, expresso em planos hierarquicamente interligados, sobretudo o plano plurianual, as diretrizes orçamentárias e o orçamento anual.

4. NBC T 16.4 — Transações no setor público

Nessa norma são definidos os conceitos, a natureza e as tipicidades das transações no setor público. Sob o enfoque contábil, as transações no setor público se traduzem nos atos e fatos que geram mudanças qualitativas ou quantitativas, efetivas ou potenciais, no patrimônio das entidades públicas, sendo objeto de registro contábil em observância aos princípios de contabilidade e às normas brasileiras de contabilidade.

5. NBC T 16.5 — Registro contábil

Essa norma traz os critérios a serem seguidos no registro contábil dos atos e fatos que possam afetar ou vir a afetar o patrimônio público.

6. NBC T 16.6 — Demonstrações contábeis

Nessa norma são citadas as demonstrações contábeis que devem ser elaboradas e divulgadas pelas entidades a que se refere a NBC T 16.1. As demonstrações contábeis definidas no campo de aplicação das entidades do setor público são: balanço orçamentário, balanço financeiro, demonstrações das variações patrimoniais, balanço patrimonial, demonstração do fluxo de caixa, demonstração das mutações do patrimônio líquido e demonstrações do resultado econômico. Também são exigidas as notas explicativas, cujas informações devem ser relevantes, complementares ou suplementares àquelas não evidenciadas nas demonstrações contábeis.

7. NBC T 16.7 — Consolidação das demonstrações contábeis

Nessa norma são determinados os conceitos, a abrangência e os procedimentos para a consolidação das demonstrações contábeis no setor público.

8. NBC T 16.8 — Controle interno

    O controle interno das entidades públicas é o foco dessa norma, em que se objetiva assegurar razoável grau de eficiência e eficácia do sistema de informação contábil, com a finalidade de garantir o cumprimento da missão da entidade.

9. NBC T 16.9 — Depreciação, amortização e exaustão

    A norma traz a determinação dos critérios e procedimentos para o registro contábil da depreciação, amortização e exaustão. Nesse sentido, é estabelecida a necessidade de abordagem aos seguintes aspectos: obrigatoriedade do seu reconhecimento; valor da parcela que deve ser reconhecida como variação passiva independentemente da execução orçamentária; circunstâncias que podem influenciar seu registro.

10. NBC T 16.10 — Avaliação e mensuração dos ativos e passivos em entidades do setor público

    A presente norma traz os critérios e procedimentos para avaliação e mensuração de ativos e passivos que compõem o patrimônio das entidades do setor público.

11. NBC T 16.11 — Sistema de informação de custos no setor público

    Essa norma estabelece a conceituação, o objeto, o objetivo e as regras básicas para a mensuração e evidenciação dos custos no setor público, apresentado como Sistema de Informação de Custos no Setor Público (SICSP), que por sua vez registra, processa e evidencia os custos de bens e serviços, e outros objetos de custos, produzidos e oferecidos à sociedade pela entidade pública.

1.2. CONTABILIDADE APLICADA AO SETOR PÚBLICO

1.2.1. Conceito

A contabilidade aplicada ao setor público é regida pela Lei n.º 4.320, de 17 de março de 1964, que estatui normas gerais de direito financeiro para elaboração e controle dos orçamentos e balanços da União, dos estados, dos municípios e do Distrito Federal.

Com base na Lei n.º 4.320/1964, pode-se conceituar a contabilidade aplicada ao setor público como o ramo da contabilidade que estuda, orienta, controla e demonstra a organização e a execução da Fazenda Pública, o patrimônio público e suas variações.

A NBC T 16.1, aprovada pela Resolução CFC n.º 1.128/2008, expõe claramente as definições gerais e os conceitos que balizam a abrangência, o conceito, o objeto, os objetivos, o campo de aplicação e a função social da contabilidade aplicada ao setor público.

Segundo a NBC T 16.1, a contabilidade aplicada ao setor público é o ramo da ciência contábil que aplica, no processo gerador de informações, os princípios de contabilidade e as normas contábeis direcionados ao controle patrimonial de entidades do setor público.

1.2.2. Campo de aplicação

O campo de aplicação pode ser definido como o espaço de atuação do profissional de contabilidade que demanda estudo, interpretação, identificação, mensuração, avaliação, registro, controle e evidenciação de fenômenos contábeis, decorrentes de variações patrimoniais ocorridas em:

- entidades do setor público;
- entidades que recebam, guardem, movimentem, gerenciem ou apliquem recursos públicos, na execução de suas atividades, no tocante aos aspectos contábeis da prestação de contas.

Conforme a redação dada pela Resolução CFC n.º 1.268/2009, podem ser definidos como entidades do setor público órgãos, fundos e pessoas jurídicas de direito público ou que, possuindo personalidade jurídica de direito privado, recebam, guardem, movimentem, gerenciem ou apliquem recursos públicos na execução de suas atividades. Equiparam-se, para efeito contábil, as pessoas físicas que recebam subvenção, benefício ou incentivo, fiscal ou creditício, de órgão público.

Segundo o item 8 da NBC T 16.1, as entidades abrangidas pelo campo de aplicação devem observar as normas e as técnicas próprias da contabilidade aplicada ao setor público, considerando-se o seguinte escopo:

- integralmente, as entidades governamentais, os serviços sociais e os conselhos profissionais;
- parcialmente, as demais entidades do setor público, para garantir procedimentos suficientes de prestação de contas e instrumentalização do controle social.

1.2.3. Objeto

O objeto de estudo da contabilidade aplicada ao setor público é o patrimônio público. Contudo, é importante ressaltar que também registra e controla o orçamento público e a sua execução, compreendendo a previsão e a arrecadação da receita, bem como a fixação e a execução da despesa.

1.2.4. Objetivo

Segundo a NBC T 16.1, o objetivo da contabilidade aplicada ao setor público é fornecer aos usuários informações sobre os resultados alcançados e os aspectos de natureza orçamentária, econômica, financeira e física do patrimônio da entidade do setor público e suas mutações, em apoio ao processo de tomada de decisão; a adequada prestação de contas; e o necessário suporte para a instrumentalização do controle social.

1.2.5. Função social

A função social da contabilidade aplicada ao setor público deve refletir, sistematicamente, o ciclo da administração pública para evidenciar informações necessárias à tomada de decisões, à prestação de contas e à instrumentalização do controle social.

Nesse sentido, pode-se afirmar que tem como principal função social servir de instrumento de controle por parte da sociedade no acompanhamento das políticas públicas, com base na prestação de contas por parte de gestores públicos e na correta aplicação dos recursos públicos.

capítulo · 2

Princípios de contabilidade

A Resolução CFC n.º 750/1993, atualizada pela Resolução CFC n.º 1.282/2010, consagra os princípios de contabilidade, que são de observância obrigatória no exercício da profissão contábil, constituindo condição de legitimidade das normas brasileiras de contabilidade.

Nesse sentido, entende-se que a contabilidade aplicada ao setor público, por ser ramo da ciência contábil, deve observar os princípios de contabilidade, que representam a essência das doutrinas e teorias relativas a essa ciência, consoante o entendimento predominante nos universos científico e profissional do país.

2.1. PRINCÍPIO DA ENTIDADE

De acordo com o art. 4.º da Resolução CFC n.º 750/1993, atualizada pela Resolução CFC n.º 1.282/2010,

> Art. 4.º O Princípio da Entidade reconhece o Patrimônio como objeto da Contabilidade e afirma a autonomia patrimonial, a necessidade da diferenciação de um Patrimônio particular no universo dos patrimônios existentes, independentemente de pertencer a uma pessoa, a um conjunto de pessoas, a uma sociedade ou a uma instituição de qualquer natureza ou finalidade, com ou sem fins lucrativos. Por consequência, nesta acepção, o patrimônio não se confunde com aqueles dos seus sócios ou proprietários, no caso de sociedade ou instituição.
>
> Parágrafo único. A soma ou agregação contábil de patrimônios autônomos não resulta em nova Entidade sob o aspecto jurídico, mas numa

unidade de natureza econômico-contábil, de modo a melhor expressar o patrimônio do conjunto de entes com relação entre si.

Para o ente público, o princípio da entidade se afirma pela autonomia e responsabilização do patrimônio a ele pertencente. Essa autonomia patrimonial se origina na destinação social do patrimônio e na responsabilização pela obrigatoriedade da prestação de contas pelos agentes públicos.

Conforme a NBC T 16.2, o patrimônio público representa o conjunto de direitos e bens, tangíveis ou intangíveis, onerados ou não, adquiridos, formados, produzidos, recebidos, mantidos ou utilizados pelas entidades do setor público, que seja portador ou represente um fluxo de benefícios, presente ou futuro, inerente à prestação de serviços públicos ou à exploração econômica por entidades do setor público e suas obrigações.

Podem ser citados como exemplos de bens e direitos pertencentes ao patrimônio público: recursos minerais (inclusive os do subsolo), potenciais de energia hidráulica, recursos naturais da plataforma continental, capital intelectual etc.

No setor público, deve-se compreender a autonomia patrimonial como sendo a disponibilidade de parcelas do patrimônio público sob guarda, administração ou aplicação de determinada entidade ou pessoas, para o cumprimento de um objetivo ou finalidade social. São exemplos: destinação de recursos para convênios de saneamento básico; recursos humanos, materiais destinados a algum programa de governo; celebração de contrato de gestão com organização social para prestar serviços de assistência social; financiamento de pesquisa através de programa científico etc.

2.2. PRINCÍPIO DA CONTINUIDADE

De acordo com o art. 5.º da Resolução CFC n.º 750/1993, atualizada pela Resolução CFC n.º 1.282/2010,

> Art. 5.º O Princípio da Continuidade pressupõe que a Entidade continuará em operação no futuro e, portanto, a mensuração e a apresentação dos componentes do patrimônio levam em conta esta circunstância.

A continuidade para uma entidade pública representa estrito cumprimento da destinação social do seu patrimônio, ou seja, a continuidade da entidade se dá enquanto perdurar sua finalidade. Entende-se, portanto, que no setor público interessa observar não apenas as entidades constituídas, mas principalmente se os recursos estão alocados a programas com duração determinada ou indeterminada, por exemplo: programa de erradicação do analfabetismo; contrato de gestão; financiamento de pesquisa através de programa científico etc.

2.3. PRINCÍPIO DA OPORTUNIDADE

Segundo o art. 6.º da Resolução CFC n.º 750/1993, atualizada pela Resolução CFC n.º 1.282/2010,

> Art. 6.º O Princípio da Oportunidade refere-se ao processo de mensuração e apresentação dos componentes patrimoniais para produzir informações íntegras e tempestivas.
>
> Parágrafo único. A falta de integridade e tempestividade na produção e na divulgação da informação contábil pode ocasionar a perda de sua relevância, por isso é necessário ponderar a relação entre a oportunidade e a confiabilidade da informação.

Pode-se dizer que esse princípio é indispensável à integridade e à fidedignidade dos registros contábeis dos atos e dos fatos que afetam ou possam afetar o patrimônio da entidade pública. A oportunidade representa a necessidade de as variações no patrimônio serem reconhecidas na sua totalidade, independentemente do cumprimento das formalidades legais para sua ocorrência, visando ao completo atendimento da essência sobre a forma.

De acordo com a Lei n.º 4.320/1964, para a realização da despesa é necessário o cumprimento dos estágios de empenho, liquidação e pagamento, conforme citação a seguir:

> Art. 58. O empenho de despesa é o ato emanado de autoridade competente que cria para o Estado obrigação de pagamento pendente ou não de implemento de condição.

Art. 59. O empenho da despesa não poderá exceder o limite dos créditos concedidos. (Redação dada pela Lei n.º 6.397, de 10.12.1976)

Art. 60. É vedada a realização de despesa sem prévio empenho.

§ 1.º Em casos especiais previstos na legislação específica será dispensada a emissão da nota de empenho.

§ 2.º Será feito por estimativa o empenho da despesa cujo montante não se possa determinar.

§ 3.º É permitido o empenho global de despesas contratuais e outras, sujeitas a parcelamento.

Art. 61. Para cada empenho será extraído um documento denominado "nota de empenho" que indicará o nome do credor, a representação e a importância da despesa, bem como a dedução desta do saldo da dotação própria.

Art. 62. O pagamento da despesa só será efetuado quando ordenado após sua regular liquidação.

Art. 63. A liquidação da despesa consiste na verificação do direito adquirido pelo credor tendo por base os títulos e documentos comprobatórios do respectivo crédito.

§ 1.º Essa verificação tem por fim apurar:

I — a origem e o objeto do que se deve pagar;

II — a importância exata a pagar;

III — a quem se deve pagar a importância, para extinguir a obrigação.

§ 2.º A liquidação da despesa por fornecimentos feitos ou serviços prestados terá por base:

I — o contrato, ajuste ou acordo respectivo;

II — a nota de empenho;

III — os comprovantes da entrega de material ou da prestação efetiva do serviço.

Art. 64. A ordem de pagamento é o despacho exarado por autoridade competente, determinando que a despesa seja paga.

Parágrafo único. A ordem de pagamento só poderá ser exarada em documentos processados pelos serviços de contabilidade

Art. 65. O pagamento da despesa será efetuado por tesouraria ou pagadoria regularmente instituídos por estabelecimentos bancários credenciados e, em casos excepcionais, por meio de adiantamento.

Entende-se que, na aplicação desse princípio, há uma diferença prática entre o tratamento legal e o científico das questões de registro e evidenciação porque, pelo dispositivo legal, no sistema orçamentário não será registrada despesa realizada sem empenho ou empenho prévio, mas a dívida existente deverá ser registrada no sistema patrimonial, no passivo circulante ou não circulante, conforme for o vencimento da exigibilidade.

Contudo, o entendimento que prevalece nas práticas atuais é que a dívida simplesmente não seja registrada porque, pela legislação, não poderia ocorrer despesa sem empenho ou empenho prévio. Porém, nesse caso, entendemos que o gestor comete dois erros: o primeiro quando não realiza o empenho da despesa e o segundo quando apresenta um passivo subavaliado pelo fato de não registrar no sistema patrimonial o compromisso não empenhado.

Portanto, para a perfeita aplicação do princípio da oportunidade, exemplifica-se o registro de obrigações de pagamento no passivo da entidade (sistema patrimonial), mesmo que decorrente de despesas sem empenho ou com empenhos *a posteriori* (sistema orçamentário).

2.4. PRINCÍPIO DO REGISTRO PELO VALOR ORIGINAL

Segundo o art. 7.º da Resolução CFC n.º 750/1993, atualizada pela Resolução CFC n.º 1.282/2010,

> Art. 7.º O Princípio do Registro pelo Valor Original determina que os componentes do patrimônio devem ser inicialmente registrados pelos valores originais das transações, expressos em moeda nacional.
>
> § 1.º As seguintes bases de mensuração devem ser utilizadas em graus distintos e combinadas, ao longo do tempo, de diferentes formas:
>
> I — Custo histórico. Os ativos são registrados pelos valores pagos ou a serem pagos em caixa ou equivalentes de caixa ou pelo valor justo dos recursos que são entregues para adquiri-los na data da aquisição. Os passivos são registrados pelos valores dos recursos que foram recebidos em troca da obrigação ou, em algumas circunstâncias, pelos valores em caixa ou equivalentes de caixa, os quais serão necessários para liquidar o passivo no curso normal das operações; e

II — Variação do custo histórico. Uma vez integrados ao patrimônio, os componentes patrimoniais, ativos e passivos, podem sofrer variações decorrentes dos seguintes fatores:

a) Custo corrente. Os ativos são reconhecidos pelos valores em caixa ou equivalentes de caixa, os quais teriam de ser pagos se esses ativos ou ativos equivalentes fossem adquiridos na data ou no período das demonstrações contábeis. Os passivos são reconhecidos pelos valores em caixa ou equivalentes de caixa, não descontados, que seriam necessários para liquidar a obrigação na data ou no período das demonstrações contábeis;

b) Valor realizável. Os ativos são mantidos pelos valores em caixa ou equivalentes de caixa, os quais poderiam ser obtidos pela venda em uma forma ordenada. Os passivos são mantidos pelos valores em caixa e equivalentes de caixa, não descontados, que se espera seriam pagos para liquidar as correspondentes obrigações no curso normal das operações da Entidade;

c) Valor presente. Os ativos são mantidos pelo valor presente, descontado do fluxo futuro de entrada líquida de caixa que se espera seja gerado pelo item no curso normal das operações da Entidade. Os passivos são mantidos pelo valor presente, descontado do fluxo futuro de saída líquida de caixa que se espera seja necessário para liquidar o passivo no curso normal das operações da Entidade;

d) Valor justo. É o valor pelo qual um ativo pode ser trocado, ou um passivo liquidado, entre partes conhecedoras, dispostas a isso, em uma transação sem favorecimentos; e

e) Atualização monetária. Os efeitos da alteração do poder aquisitivo da moeda nacional devem ser reconhecidos nos registros contábeis mediante o ajustamento da expressão formal dos valores dos componentes patrimoniais.

§ 2.º São resultantes da adoção da atualização monetária:

I — a moeda, embora aceita universalmente como medida de valor, não representa unidade constante em termos do poder aquisitivo;

II — para que a avaliação do patrimônio possa manter os valores das transações originais, é necessário atualizar sua expressão formal em moeda nacional, a fim de que permaneçam substantivamente corretos os valores dos componentes patrimoniais e, por consequência, o do Patrimônio Líquido; e

III — a atualização monetária não representa nova avaliação, mas tão somente o ajustamento dos valores originais para determinada data, mediante a aplicação de indexadores ou outros elementos aptos a traduzir a variação do poder aquisitivo da moeda nacional em um dado período.

Para resolver um dos grandes problemas de sub ou superavaliação dos ativos e passivos existentes no patrimônio público, a adoção do princípio de registro pelo valor original traz enormes benefícios, pois permite a utilização de vários critérios de mensuração de ativos e passivos.

A NBC T 16.10 — Avaliação e mensuração de ativos e passivos em entidades do setor público — traz as definições a seguir:

a) **Avaliação patrimonial:** atribuição de valor monetário a itens do ativo e do passivo decorrente de julgamento fundamentado em consenso entre as partes e que traduza, com razoabilidade, a evidenciação dos atos e dos fatos administrativos. Exemplo: avaliação de bens para efeito de leilão.

b) **Influência significativa:** o poder de uma entidade do setor público de participar das decisões de políticas financeiras e operacionais de outra entidade que dela receba recursos financeiros a qualquer título ou que represente participação acionária, desde que não signifique controle compartilhado sobre essas políticas. Exemplo: empresa estatal dependente.

c) **Mensuração:** constatação de valor monetário para itens do ativo e do passivo decorrente da aplicação de procedimentos técnicos suportados em análises qualitativas e quantitativas. Exemplo: utilização de métodos de cálculo para depreciação, exaustão e amortização.

d) **Reavaliação:** adoção do valor de mercado ou de consenso entre as partes para bens do ativo quando este for superior ao valor líquido contábil. No processo de reavaliação, os valores reavaliados do ativo devem ser maiores que o valor líquido contábil, ou seja, o efeito sobre o patrimônio é positivo. Exemplo: cálculo de imóvel totalmente depreciado para efeito de registro ou de alienação.

e) **Redução ao valor recuperável (*impairment*):** ajuste ao valor de mercado ou de consenso entre as partes para bens do ativo, quando este for inferior ao valor líquido contábil. Poderia ser entendida de forma geral como uma avaliação negativa dos ativos, tomando por base o valor de mercado, adotando-se uma perspectiva de valor justo, podendo ser aplicado também aos estoques quando estes tiverem valor contábil maior que o de mercado. Exemplo: valor referente aos estoques reguladores quando existe a tendência de colheita de supersafra ou quando os preços das *commodities* no mercado internacional estão em baixa.

Para melhor compreensão, vejamos os seguintes exemplos:

1. **Valor da reavaliação ou valor da redução do ativo a valor recuperável:** diferença entre o valor líquido contábil do bem e o valor de mercado ou de consenso, com base em laudo técnico.

   Exemplo:

Valor líquido contábil	R$ 4.000,00
Valor de mercado	R$ 3.000,00
Valor da reavaliação ou valor do ativo recuperável	R$ 1.000,00

2. **Valor de aquisição:** a soma do preço de compra de um bem com os gastos suportados direta ou indiretamente para colocá-lo em condição de uso.

   Exemplo:

Preço de compra	$ 5.000,00
Valor do frete	R$ 1.000,00
Valor de gastos com instalação	R$ 1.500,00
Valor de aquisição	R$ 7.500,00

2.5. PRINCÍPIO DA COMPETÊNCIA

Segundo o art. 9.º da Resolução CFC n.º 750/1993, atualizada pela Resolução CFC n.º 1.282/2010,

> Art. 9.º O Princípio da Competência determina que os efeitos das transações e outros eventos sejam reconhecidos nos períodos a que se referem, independentemente do recebimento ou pagamento.

Parágrafo único. O Princípio da Competência pressupõe a simultaneidade da confrontação de receitas e de despesas correlatas.

A aplicação do princípio da competência foi devidamente tratada para o setor público a partir da edição da Portaria Conjunta STN/SOF n.º 3, de 14 de outubro de 2008, que aprovou os Manuais de Receita Nacional e de Despesa Nacional.

Por esse princípio, as transações devem ser reconhecidas na ocorrência dos respectivos fatos geradores, independentemente do seu pagamento ou recebimento. Portanto, os atos e os fatos que afetam o patrimônio público devem ser contabilizados por competência, e os seus efeitos devem ser evidenciados nas demonstrações contábeis do exercício financeiro com o qual se relacionam, complementarmente ao registro orçamentário das receitas e das despesas públicas.

2.6. PRINCÍPIO DA PRUDÊNCIA

Segundo o art. 9.º da Resolução CFC n.º 750/1993, atualizada pela Resolução CFC n.º 1.282/2010,

> Art. 10. O Princípio da PRUDÊNCIA determina a adoção do menor valor para os componentes do ATIVO e do maior para os do PASSIVO, sempre que se apresentem alternativas igualmente válidas para a quantificação das mutações patrimoniais que alterem o patrimônio líquido.
>
> Parágrafo único. O Princípio da Prudência pressupõe o emprego de certo grau de precaução no exercício dos julgamentos necessários às estimativas em certas condições de incerteza, no sentido de que ativos e receitas não sejam superestimados e que passivos e despesas não sejam subestimados, atribuindo maior confiabilidade ao processo de mensuração e apresentação dos componentes patrimoniais.

Nos procedimentos de mensuração do patrimônio, as estimativas de valores que o afetam devem dar preferência a montantes menores para ativos, entre alternativas igualmente válidas, e valores maiores para passivos.

De acordo com a Resolução do Conselho Federal de Contabilidade n.º 1.121, de 28 de março de 2008, que dispõe sobre a estrutura conceitual para a elaboração e apresentação das demonstrações contábeis, a prudência consiste:

> No emprego de um certo grau de precaução no exercício dos julgamentos necessários às estimativas em certas condições de incerteza, no sentido de que ativos ou receitas não sejam superestimados e que passivos ou despesas não sejam subestimados. Entretanto, o exercício da prudência não permite, por exemplo, a criação de reservas ocultas ou provisões excessivas, a subavaliação deliberada de ativos ou receitas, a superavaliação deliberada de passivos ou despesas, pois as demonstrações contábeis deixariam de ser neutras e, portanto, não seriam confiáveis.

O princípio da prudência não deve ser justificativa para excessos ou situações classificáveis como manipulação do resultado, ocultação de passivos, super ou subavaliação de ativos, ou seja, deve constituir garantia de inexistência de valores fictícios, de interesses de grupos ou pessoas, especialmente gestores, ordenadores e controladores.

capítulo · 3

Orçamento público

3.1. CONCEITO

O orçamento público, em sentido amplo, é um documento legal (aprovado por lei) contendo a previsão de receitas e a estimativa de despesas a serem realizadas por um governo em determinado exercício.

É um ato pelo qual o Poder Executivo prevê e o Poder Legislativo autoriza, por certo período, a execução das despesas destinadas ao funcionamento dos serviços públicos e outros fins adotados pela política econômica ou geral do país.

É o instrumento de que dispõe o poder público em qualquer das suas esferas para expressar, em determinado período, seu programa de atuação, discriminando a origem e o montante dos dispêndios a serem efetuados.

Atualmente, as principais normas que disciplinam os orçamentos públicos no Brasil são:

- Constituição Federal da República, de 1988, nos seus artigos 163 a 169 (Capítulo II — Das Finanças Públicas).
- Lei Federal n.º 4.320/1964 — Estatui normas gerais de direito financeiro para elaboração e controle dos orçamentos e balanços da União, dos estados, dos municípios e do Distrito Federal.
- Lei Complementar n.º 101/2000 — Lei de Responsabilidade Fiscal (LRF). Estabelece normas de finanças públicas voltadas para a responsabilidade na gestão fiscal e dá outras providências.

- Portaria n.º 42/1999 do Ministério do Planejamento, Orçamento e Gestão. Atualiza a discriminação da despesa por funções de que trata a Lei n.º 4.320/1964, estabelece os conceitos de função, subfunção, programa, projeto, atividade, operações especiais e dá outras providências.
- Portarias interministeriais da Secretaria do Tesouro Nacional (STN) e Secretaria de Orçamento Federal (SOF).

3.2. LEIS DE PLANEJAMENTO/ORÇAMENTO

A Constituição Federal de 1988 trata das funções de planejamento e orçamento em vários dos seus dispositivos, mais especificamente nos arts. 165 a 169, instituindo três instrumentos básicos a serem estabelecidos por leis de iniciativa do Poder Executivo da União, dos estados, do Distrito Federal e dos municípios.

Art. 165 — Leis de iniciativa do Poder Executivo estabelecerão:

I — o plano plurianual;

II — as diretrizes orçamentárias;

III — os orçamentos anuais.

Ao instituir esses três instrumentos, a Constituição Federal prevê claramente a necessidade de integração entre as funções de planejamento e orçamento, exigindo a compatibilização e a consonância com o plano plurianual dos planos gerais, setoriais e regionais de desenvolvimento econômico e social.

A novidade, na norma constitucional, é a criação da Lei de Diretrizes Orçamentárias, com a finalidade, dentre outras, de destacar, da programação plurianual, as prioridades e metas a serem contempladas nos orçamentos anuais e orientar a sua elaboração.

Quanto aos planos, a Constituição Federal concebe duas modalidades: o plano plurianual, que estabelece diretrizes, objetivos e programas governamentais para o período de quatro anos, orientando as programações orçamentárias anuais; e os planos nacionais, regionais e setoriais de desenvolvimento cujo conteúdo deve estar sempre em consonância com o plano plurianual.

3.2.1. Plano Plurianual — PPA

O Plano Plurianual é o instrumento da ação governamental que estabelece, de forma regionalizada, as diretrizes, os objetivos e as metas da administração pública e as despesas de capital e outras delas decorrentes e relativas aos programas de duração continuada.

A Constituição Federal traz as seguintes disposições:

- Os orçamentos fiscal e de investimentos das empresas (estabelecidos na Lei Orçamentária Anual) devem ser compatibilizados com o PPA.
- O início de qualquer investimento cuja execução ultrapasse um exercício financeiro dependerá de sua prévia inclusão no PPA, sob pena de crime de responsabilidade.
- Os planos e programas nacionais, regionais e setoriais serão elaborados em consonância com o PPA e aprovados pelo Poder Legislativo.

O prazo para envio do projeto de lei do PPA ao Poder Legislativo é o dia 31 de agosto do primeiro exercício do mandato do chefe do Poder Executivo, devendo ser devolvido para sanção até 22 de dezembro (término do período legislativo). Aprovado, o PPA vigora do segundo exercício do mandato governamental até o primeiro exercício do mandato subsequente.

É importante ressaltar que, conforme a Emenda Constitucional n.º 50, de 14/2/2006, a sessão legislativa vai do período de 2 de fevereiro a 17 de julho e de 1.º de agosto a 22 de dezembro.

O Decreto Federal n.º 2.829/1998 estabelece normas para a elaboração e execução do PPA e dos Orçamentos da União, a partir do exercício de 2000, tendo como pressuposto básico a produção de mudanças na administração pública pelo planejamento, com foco em aspectos como visão estratégica, programas, gerenciamento, informação, avaliação e integração.

3.2.2. Lei de Diretrizes Orçamentárias — LDO

A Lei de Diretrizes Orçamentárias tem a finalidade precípua de orientar a elaboração dos orçamentos fiscal e da seguridade social e de investimento das empresas estatais. Busca sintonizar a Lei Orçamentária Anual (LOA) com as diretrizes, objetivos e metas da administração pública estabelecidas no PPA.

De acordo com o parágrafo 2.º do art. 165 da CF, a LDO, devidamente compatibilizada com o PPA, deverá conter:

- As metas e prioridades da administração pública, incluindo as despesas de capital, para o exercício seguinte.
- Orientações para a elaboração da Lei Orçamentária Anual.
- Disposições sobre alterações na legislação tributária.
- A política de aplicação das agências financeiras oficiais de fomento.
- Autorização específica para a concessão de qualquer vantagem ou aumento de remuneração, criação de cargos ou alteração de estrutura de carreiras, bem como admissão de pessoal, a qualquer título, pelos órgãos e entidades da administração direta ou indireta, inclusive fundações instituídas e mantidas pelo poder público, ressalvadas as empresas públicas e as sociedades de economia mista.
- Os limites para elaboração da proposta orçamentária dos Poderes Judiciário e Legislativo.

Na União, o prazo para envio do projeto de lei da LDO pelo Executivo ao Legislativo é até o dia 15 de abril do exercício anterior ao da Lei Orçamentária Anual, devendo ser devolvido para sanção até o encerramento do primeiro período legislativo (17 de julho). A sessão legislativa ordinária não será interrompida até que o projeto de lei da LDO seja aprovado.

3.2.3. Lei Orçamentária Anual — LOA

A Lei Orçamentária Anual é um planejamento elaborado pelo Poder Executivo, que estabelece a previsão da receita e a fixação da despesa. A composição da Lei Orçamentária Anual está prevista na Constituição Federal (art. 165, § 5.º):

- Orçamento fiscal, incluindo todas as receitas e despesas, referentes aos Poderes do Estado, seus fundos, órgãos da administração direta, autarquias, fundações instituídas e mantidas pelo poder público.

- Orçamento de investimento das empresas em que o Estado, direta ou indiretamente, detenha a maioria do capital com direito a voto.
- Orçamento da seguridade social, abrangendo todos os órgãos e entidades da administração direta ou autárquica, bem como os fundos e fundações instituídas pelo poder público, vinculados à saúde, previdência e assistência social.

Constitui matéria exclusiva da lei orçamentária a previsão da receita e a fixação da despesa, podendo conter, ainda, segundo a norma constitucional:

- Autorização para abertura de créditos suplementares.
- Autorização para contratação de operações de crédito, inclusive por antecipação de receita orçamentária (ARO), na forma da lei.

Os orçamentos fiscal e de investimento das empresas serão compatibilizados com o PPA e terão a função de reduzir as desigualdades inter-regionais, segundo critérios de população e renda *per capita*.

As emendas ao projeto de LOA ou aos projetos que o modifiquem também terão de ser compatíveis com o PPA e com a LDO, para serem aprovadas. O prazo para envio do projeto da LOA ao Poder Legislativo é até 31 de agosto, devendo ser devolvido até o término do período legislativo (22 de dezembro).

3.3. CICLO ORÇAMENTÁRIO

Corresponde ao período de tempo em que se processam as atividades típicas do orçamento público, desde sua concepção até sua apreciação final. Geralmente é dividido nas seguintes fases:

1. Elaboração da proposta.
2. Discussão e aprovação.
3. Execução e acompanhamento.
4. Controle e avaliação do orçamento.

3.3.1. Elaboração da proposta

Em consonância com o Plano Plurianual, a Lei de Diretrizes Orçamentárias e a Lei de Responsabilidade Fiscal, bem como as normas estabelecidas pela Secretaria de Orçamento Federal — SOF/MPOG —, o Poder Executivo encaminhará ao Poder Legislativo, nos prazos estabelecidos pela Constituição Federal e nas leis orgânicas dos municípios, a proposta orçamentária composta de:

1. Mensagem contendo a exposição circunstanciada da situação econômico-financeira, documentada com demonstrações da dívida pública, saldos de créditos especiais, restos a pagar e outros compromissos financeiros exigíveis.
2. Projeto de lei de orçamento.
3. Tabelas explicativas das quais constarão, além das estimativas de receita e despesa, em colunas distintas para fins de comparação, a receita arrecadada nos últimos exercícios, a receita para o exercício em que se elabora a proposta e a receita prevista para o exercício a que se refere a proposta, além dos mesmos dados inerentes às despesas.
4. Especificação dos programas especiais de trabalho custeados por dotações globais.

3.3.2. Discussão e aprovação

Essa fase é de competência do Poder Legislativo e compreende a tramitação da proposta de orçamento, na qual as estimativas de receita são revistas, os programas de trabalho são modificados através de emendas, as alocações são mais especificamente regionalizadas e os parâmetros de execução são estabelecidos de maneira formal.

Somente podem ser aprovadas as emendas ao projeto de lei do orçamento anual caso:

1. Sejam compatíveis com o plano plurianual e com a lei de diretrizes orçamentárias.

2. Indiquem os recursos necessários, admitidos apenas os provenientes de anulação de despesa.
3. Sejam relacionados com a correção de erros ou omissões.

Após a fase de discussão e aprovação no âmbito do Legislativo, o projeto de lei do orçamento será encaminhado ao chefe do Poder Executivo para sanção ou veto. Ocorrendo o veto, o projeto de lei retornará ao Legislativo para nova discussão.

3.3.3. Execução e acompanhamento

A execução do orçamento implica a mobilização de recursos humanos, materiais e financeiros para concretização dos objetivos e metas determinadas para o setor público, no processo de planejamento integrado.

Uma vez promulgada a lei do orçamento, e com base nos limites nela fixados, o Poder Executivo aprovará um quadro de cotas trimestrais da despesa que cada unidade orçamentária fica autorizada a utilizar. A fixação dessas cotas atende aos seguintes objetivos:

1. Assegurar às unidades orçamentárias, em tempo útil, a soma de recursos necessários e suficientes à melhor execução do seu programa anual de trabalho.
2. Manter, durante o exercício, o equilíbrio entre a receita arrecadada e a despesa realizada, a fim de reduzir ao mínimo eventuais insuficiências de tesouraria.

Essas cotas de despesa são instrumentos de regulação que condicionam os recursos financeiros às reais necessidades que cada unidade orçamentária possui para emitir empenhos, bem como à programação financeira e do cronograma de execução mensal desembolsado.

3.3.4. Controle e avaliação

O controle pode ocorrer de forma concomitante com a execução orçamentária ou após desta. No controle concomitante são acompanhados os passos da execução orçamentária à medida que são produzidos, enquanto no controle *a posteriori*, após o encerramento do exercício, os balanços são apreciados e auditados pelos órgãos auxiliares do Poder Legislativo (Tribunais de Contas).

A avaliação refere-se à organização, aos critérios e trabalhos destinados a julgar o nível dos objetivos fixados no orçamento e as modificações ocorridas durante a execução e também à eficiência com que se realizam as ações empregadas para tais fins e o grau de racionalidade empregado na utilização dos recursos.

3.4. EXERCÍCIO FINANCEIRO

O exercício financeiro é o espaço de tempo compreendido entre 1.º de janeiro e 31 de dezembro de cada ano, no qual se promove a execução orçamentária e demais fatos relacionados com as variações qualitativas e quantitativas que afetam os elementos patrimoniais dos órgãos/entidades do setor público.

3.5. TIPOS DE ORÇAMENTO PÚBLICO

Ao longo da história, o orçamento público brasileiro evoluiu na tentativa de aprimorar as técnicas de previsão de receitas e despesas, bem como para dar mais transparência e clareza às informações nele contidas.

São conhecidos quatro tipos:
1. Orçamento clássico ou tradicional.
2. Orçamento de desempenho ou de realizações.
3. Orçamento-programa.
4. Orçamento participativo.

3.5.1. Orçamento clássico ou tradicional

O orçamento clássico ou tradicional foi o primeiro tipo de orçamento de que se tem notícia. Seu aspecto principal é o fato de não enfatizar o planejamento, apenas o gasto. Portanto, constitui mero instrumento contábil, no qual se arrolam as receitas e as despesas, visando dotar os órgãos com recursos suficientes para os gastos administrativos, tendo por base o orçamento do exercício anterior.

Nesse tipo de orçamento, não há vínculo com nenhum sistema de planejamento governamental, pois simplesmente se faz uma estimativa de quanto se vai arrecadar e decide-se o que comprar, sem nenhuma prioridade ou senso distributivo na alocação dos recursos públicos.

3.5.2. Orçamento de desempenho ou de realizações

O orçamento clássico ou tradicional evoluiu para o orçamento de desempenho ou de realizações, no qual se busca saber "as coisas que o governo faz e não somente as coisas que o governo compra". O orçamento de desempenho, embora já ligado aos objetivos, não podia ainda ser considerado um orçamento-programa, visto que não era vinculado ao sistema de planejamento.

3.5.3. Orçamento-programa

Ao longo da história, o orçamento de desempenho ou de realizações evoluiu para o conceito de orçamento-programa, implementado no Brasil através da Lei n.º 4.320/1964. Esse tipo de orçamento caracteriza-se pelo fato de a elaboração orçamentária ser feita em função daquilo que se pretende realizar no futuro, ou seja, permite identificar os programas de trabalho do governo, seus projetos e atividades, e ainda estabelece os objetivos, as metas, os custos e os resultados alcançados.

O orçamento-programa, além de ser um moderno instrumento de planejamento, permite avaliar e divulgar os resultados alcançados. Esse tipo de orçamento contrasta com o tradicional ou clássico, que se baseava no passado, ou seja, naquilo que foi realizado.

Podem ser citadas como vantagens do orçamento-programa:
- melhor planejamento dos trabalhos;
- maior precisão na elaboração do orçamento;
- melhor determinação das responsabilidades aos gestores;

- maior compreensão do conteúdo da proposta orçamentária por parte do Executivo, Legislativo, Judiciário, Ministério Público e sociedade;
- melhor controle da execução do programa;
- melhor identificação dos gastos;
- apresentação dos objetivos e dos recursos da instituição;
- ênfase no que a instituição realiza e não no que ela gasta.

3.5.4. Orçamento participativo

O orçamento participativo surgiu nos últimos tempos como mecanismo governamental de democracia participativa que permite aos cidadãos influenciar ou decidir sobre os orçamentos públicos, geralmente o orçamento de investimentos de prefeituras através de processos de participação cidadã.

Através do orçamento participativo, a população decide as prioridades de investimentos em obras e serviços a serem realizados a cada ano, com os recursos do orçamento da administração municipal. Além disso, representa um estímulo ao exercício da cidadania, ao compromisso da população com o bem público e à corresponsabilização entre governo e sociedade sobre a gestão da cidade.

3.6. PRINCÍPIOS ORÇAMENTÁRIOS

Os princípios orçamentários são premissas que norteiam os processos e práticas de elaboração e execução do orçamento, visando dar-lhe aspecto técnico e legal, além de torná-lo mais transparente, com vistas a facilitar o seu controle pelo Poder Legislativo.

3.6.1. Princípio da unidade

O princípio da unidade está consagrado na legislação brasileira por meio da Constituição Federal (art. 165, § 5.º) e Lei n.º 4.320/1964 (art. 2.º). De acordo com esse princípio, deve existir apenas um orçamento para determinado exercício financeiro. Assim, todas as receitas e todas as despesas constarão numa só lei orçamentária, a cada ano.

Nesse sentido, os orçamentos de todos os órgãos que constituem o poder público devem fundamentar-se em uma única política orçamentária, independentemente de características de regionalização ou relevâncias setoriais das atividades.

3.6.2. Princípio da universalidade

De acordo com o princípio da universalidade, o orçamento deve conter todas as receitas e todas as despesas (sem exceções) referentes aos poderes, seus fundos, órgãos e entidades da administração direta e indireta, pelo seu valor total, ou seja, sem quaisquer deduções ou omissões. Assim, o orçamento deve conter todos os aspectos dos elementos dos programas que o compõe.

3.6.3. Princípio da anualidade

O princípio da anualidade está consagrado na legislação brasileira por meio da Constituição Federal (art. 165, inciso III) e Lei n.º 4.320/1964 (arts. 2.º e 34).

Também conhecido como princípio da periodicidade, o princípio da anualidade estabelece que as previsões de receita e despesa devam referir-se sempre a um período limitado de tempo, e esse período deve ser de um ano. Ao período de vigência do orçamento denomina-se exercício financeiro, que, no Brasil, deve coincidir com o ano civil, isto é, de 1.º de janeiro a 31 de dezembro.

3.6.4. Princípio da exclusividade

O princípio da exclusividade está consagrado na legislação brasileira por meio da Constituição Federal (art. 165, §8.º) e Lei n.º 4.320/1964 (art. 7.º). Esse princípio estabelece que o orçamento deve conter apenas matéria orçamentária, ou seja, não deve apreciar assuntos estranhos e que não lhe sejam pertinentes.

Deve-se evitar que sejam incluídas na lei orçamentária normas relativas a outros campos jurídicos, estranhos à previsão da receita e da fixação da despesa. São exceções a esse princípio a autorização para abertura de créditos suplementares e a contratação de operações de crédito (inclusive antecipações de receita orçamentária — ARO).

3.6.5. Princípio da especificação

O princípio da especificação (ou discriminação) estabelece que receitas e despesas devem ser devidamente discriminadas (pormenorizadas), demonstrando a origem e a aplicação dos recursos. Assim, esse princípio proíbe as autorizações globais, permitindo que as despesas sejam classificadas com nível de especificação tal que facilite a análise por parte das pessoas.

A Lei de Responsabilidade Fiscal (Lei Complementar n.º 101/2000), em seu art. 5.º, § 4.º, estabelece a vedação de consignação de crédito orçamentário com finalidade imprecisa, exigindo a especificação da despesa.

3.6.6. Princípio da publicidade

De acordo com o princípio da publicidade, o conteúdo orçamentário deve ser divulgado, ou seja, ser publicado através de veículos oficiais de comunicação (por exemplo, o Diário Oficial) para conhecimento público e para eficácia de sua validade, que é o princípio para todos os atos oficiais do governo.

3.6.7. Princípio do equilíbrio

O princípio do equilíbrio estabelece que, em cada exercício financeiro, o montante da despesa não deve ultrapassar a receita prevista para o período. Esse princípio visa assegurar que as despesas não sejam superiores à previsão das receitas.

3.6.8. Princípio da não afetação da receita

O princípio da não afetação da receita dispõe que nenhuma receita de impostos poderá ser comprometida (vinculada) para atender a determinados órgãos, fundos ou despesas (Constituição Federal, art. 167, IV). Pretende-se, com isso, evitar que as vinculações reduzam o grau de liberdade do planejamento.

Contudo, esse princípio tem várias exceções, que estão dispostas nos arts. 158, 159, 198 e 212 da Constituição Federal. São exemplos de exceções os recursos vinculados ao Fundeb, FPE e FPM.

3.7. CRÉDITOS ADICIONAIS

Em matéria orçamentária, o termo "crédito" não deve ser confundido com recursos financeiros, pois apenas representa uma autorização para realizar gastos ou despesas.

A execução orçamentária começa com o início do exercício financeiro, e as entidades públicas são dotadas com créditos iniciais, que são "consumidos" à medida que são realizados os gastos públicos.

Assim, durante a execução do orçamento (ao longo do exercício financeiro), podem ocorrer diversos fatores que refletem direta ou indiretamente na arrecadação das receitas ou na execução das despesas públicas. Então, para realizar determinados gastos, alguns créditos orçamentários podem tornar-se insuficientes ou mesmo não ter sido previstos pela LOA.

Daí surgiu o crédito adicional, que representa autorização de despesa não computada ou insuficientemente dotada na lei orçamentária anual, que visa aumentar a dotação orçamentária. Em outras palavras, os créditos adicionais podem ser considerados instrumentos de ajustes orçamentários, que são classificados em suplementares, especiais e extraordinários.

3.7.1. Créditos suplementares

Os créditos suplementares são abertos para reforçar uma dotação orçamentária já existente, ou seja, para ampliar um orçamento que se tornou insuficiente durante a execução.

O Poder Legislativo autoriza (por meio de lei orçamentária) que o Poder Executivo abra créditos suplementares até determinado limite, conforme as suas necessidades. Após sua autorização por lei e abertura por decreto, o crédito suplementar tem vigência apenas durante o exercício financeiro, expirando em 31 de dezembro.

Assim, são características dos créditos suplementares:
a) o orçamento prevê a despesa, mas o crédito não foi suficiente;
b) para abrir o crédito, é necessária a existência prévia de recursos disponíveis;
c) são abertos por decreto do Executivo, após a autorização em lei especial;
d) têm vigência sempre dentro do exercício financeiro;
e) podem ser autorizados na própria lei orçamentária ou em lei especial.

3.7.2. Créditos especiais

Para atender às despesas sem dotação orçamentária ou categoria de programação específica, o Poder Executivo deve solicitar a abertura de créditos especiais. Assim como o crédito suplementar, o crédito especial é autorizado por lei e aberto por decreto, e também exige a indicação de recursos financeiros para sua concessão.

O crédito especial tem o mesmo prazo de vigência do orçamento. Contudo, se a lei de autorização for promulgada nos últimos quatro meses do exercício financeiro e se existir saldo não utilizado em 31 de dezembro, esse valor será reaberto no exercício subsequente e incorporado ao orçamento pelos seus saldos remanescentes.

São, portanto, características dos créditos especiais:
a) o orçamento não previu aquele tipo de despesa;
b) para abrir o crédito, é necessária a existência prévia de recursos disponíveis;
c) são abertos por decreto do Executivo, após a autorização em lei especial;

d) em princípio terão vigência dentro do exercício financeiro; no entanto, caso sejam abertos nos últimos quatro meses do exercício, poderão ser reabertos pelos seus saldos no próximo ano;
e) os saldos remanescentes em 31 de dezembro podem ser transferidos para o exercício seguinte, desde que o ato de autorização tenha sido promulgado nos últimos quatro meses do exercício.

3.7.3. Créditos extraordinários

Os créditos extraordinários são abertos para atender a despesas urgentes e imprevisíveis, decorrentes de calamidade pública, comoção interna, guerra etc., conforme previsto no Art. 167, § 3.º da Constituição Federal.

Em virtude da urgência que motiva a sua abertura, os créditos extraordinários não dependem de autorização legislativa prévia, sendo abertos através de medida provisória e submetidos imediatamente ao Poder Legislativo que, caso esteja em recesso, será convocado extraordinariamente para se reunir no prazo de cinco dias.

Os créditos especiais e extraordinários poderão ser reabertos no exercício subsequente quando o ato de autorização for sancionado nos últimos quatro meses de um determinado exercício. Esses créditos serão reabertos por meio de novo decreto, nos limites dos seus saldos.

O procedimento para reabertura dos créditos especiais e extraordinários tem uma explicação lógica: os créditos abertos após 31 de agosto não constam do orçamento para o exercício seguinte, uma vez que este já foi elaborado e encaminhado ao Congresso Nacional para apreciação, devendo o programa de trabalho ter continuidade no próximo exercício.

As principais características dos créditos extraordinários são:
a) devido ao acontecimento de um fato imprevisível, a despesa não foi prevista no orçamento;
b) a abertura do crédito independe da existência prévia de recursos disponíveis;

c) são abertos por medida provisória;
d) em princípio terão vigência dentro do exercício financeiro; no entanto, caso sejam abertos nos últimos quatro meses do exercício, poderão ser reabertos pelos seus saldos no próximo ano;
e) os saldos remanescentes em 31 de dezembro podem ser transferidos para o exercício seguinte, desde que o ato de autorização tenha sido promulgado nos últimos quatro meses do exercício.

3.7.4 Fontes adicionais para abertura de créditos

Para que sejam abertos créditos suplementares e especiais, devem ser apontados os recursos financeiros disponíveis para atender àquelas despesas. Como a solicitação de suplementação de dotação orçamentária acarreta aumento de despesas, deve haver correspondente aumento da receita, senão provocará desequilíbrio no orçamento, fazendo prever uma execução deficitária.

São considerados recursos para abertura de créditos adicionais:
- superávit financeiro apurado em balanço patrimonial do exercício financeiro anterior: representa a diferença positiva entre o ativo financeiro e o passivo financeiro, conjugando-se ainda os saldos dos créditos adicionais transferidos e as operações de crédito a ele vinculadas;
- os provenientes do excesso de arrecadação — saldo positivo das diferenças acumuladas mês a mês entre a arrecadação prevista e a realizada, considerando ainda a tendência do exercício. Deve-se deduzir os créditos extraordinários abertos no exercício para apurar os recursos utilizados, provenientes do excesso de arrecadação;
- os resultantes da anulação parcial ou total de dotações orçamentárias ou de créditos adicionais autorizados por lei. Entende-se por anulação parcial ou total de dotações orçamentárias ou de créditos adicionais a redução das dotações

consignadas na lei orçamentária anual e que já possuíam recursos financeiros;
- produtos e operação de crédito, autorizados de forma que juridicamente possibilite ao Poder Executivo realizá-las. Operação de crédito é a designação de um débito a curto ou longo prazo, proveniente de empréstimo contraído pelo governo e que constitui dívida pública. Existem operações de crédito de curto e longo prazo.

capítulo · 4

Receita e despesa públicas

4.1. RECEITA SOB O ENFOQUE ORÇAMENTÁRIO

4.1.1. Conceito

Receita sob o enfoque orçamentário representa o recurso instituído e arrecadado pelo poder público com a finalidade de ser aplicado em gastos que atendam aos anseios e demandas da sociedade.

Assim, compreende todos os ingressos financeiros ao patrimônio público que visam atender às despesas públicas. Isso ocorre para o atendimento à disposição legal que diz pertencer ao exercício financeiro as receitas nele arrecadadas, entendida assim pelo seu efetivo recebimento.

De acordo com a Lei n.º 4.320/1964:

> Art. 35. Pertencem ao exercício financeiro: I — as receitas nele arrecadadas [...] Art. 39. Os créditos da Fazenda Pública, de natureza tributária ou não tributária, serão escriturados como receita do exercício em que forem arrecadados, nas respectivas rubricas orçamentárias.

Esse procedimento, utilizado nas entidades públicas, é conhecido como regime de caixa, já que, para serem considerados receitas, os valores estão ligados ao efetivo recebimento, o que não ocorre com as entidades privadas, uma vez que, nestas, a receita é considerada por ocasião da emissão do documento relativo à venda e cujo procedimento é conhecido por regime de competência.

4.1.2. Classificações da receita

4.1.2.1. Quanto à obrigatoriedade

a) Receita originária

É a receita pública efetiva que provém do próprio patrimônio do Estado, oriunda das rendas produzidas pelos ativos do poder público, pela cessão remunerada de bens e valores (aluguéis e ganhos em aplicações financeiras) ou aplicação em atividades econômicas (produção, comércio ou serviços).

As receitas originárias também são denominadas receitas de economia privada ou de direito privado. Exemplos: aluguéis, dividendos, receitas de aplicações financeiras etc.

b) Receita derivada

É a receita pública efetiva obtida pelo Estado em função de sua soberania, por meio do uso da autoridade coercitiva (impositiva). São exemplos as receitas oriundas de tributos, penalidades, indenizações e restituições.

4.1.2.2. Quanto à regularidade ou constância

a) Receita ordinária

São receitas que apresentam regularidade na sua arrecadação, ou seja, ocorrem regularmente em cada período financeiro. Exemplos: impostos, taxas, transferência do Fundo de Participação dos Estados (FPE) etc.

b) Receita extraordinária

Representa ingressos acidentais, transitórios e de caráter excepcional. Exemplos: empréstimos compulsórios, doações, imposto por motivo de guerra, heranças etc.

4.1.2.3. Quanto ao impacto na situação líquida patrimonial

a) Receita efetiva

Aumenta a situação líquida do patrimônio financeiro e também a situação líquida patrimonial. Exemplos: receita tributária, receita patrimonial, receita de serviços etc.

b) Receita não efetiva (por mutação patrimonial)

Aumenta a situação líquida do patrimônio financeiro, mas não altera a situação líquida patrimonial. Exemplos: alienação de bens, operações de crédito, amortização de empréstimo concedido etc.

4.1.2.4. Quanto à natureza

a) Receita pública orçamentária

Receita orçamentária é aquela devidamente discriminada na forma do Anexo III, da Lei n.º 4.320/1964 e que integra o orçamento público da entidade. Sua arrecadação depende de autorização legislativa, constante na própria lei do orçamento (lei orçamentária anual) e é realizada através da execução orçamentária.

A receita pública orçamentária, quanto à categoria econômica, divide-se em receitas correntes e receitas de capital.

1. Receitas correntes

Segundo a Lei n.º 4.320/1964, são receitas correntes as tributária, de contribuições, patrimonial, agropecuária, industrial, de serviços e outras, e, ainda, as provenientes de recursos financeiros recebidos de outras pessoas de direito público ou privado, quando destinadas a atender a despesas classificáveis em despesas correntes.

A classificação da receita corrente obedecerá ao seguinte esquema, detalhado nos seguintes níveis de origem:

- Receita tributária
- Receita de contribuições

- Receita patrimonial
- Receita agropecuária
- Receita industrial
- Receita de serviços
- Transferências correntes
- Outras receitas correntes

Receita tributária

São os ingressos provenientes da arrecadação de impostos, taxas e contribuições de melhoria. Dessa forma, é uma receita privativa das entidades investidas do poder de tributar: União, estados, Distrito Federal e municípios. Algumas peculiaridades do poder de tributar devem ser consideradas nessa classificação. Destacam-se as seguintes:

a) o poder de tributar pertence a um ente, mas a arrecadação e a aplicação pertencem a outro ente — a classificação como receita tributária deve ocorrer no ente arrecadador e aplicador, e não deverá haver registro no ente tributante;

b) o poder de tributar, arrecadar e distribuir pertence a um ente, mas a aplicação dos recursos correspondentes pertence a outro ente — a classificação como receita tributária deverá ocorrer no ente tributante, porém observando os seguintes aspectos:

- no ente tributante, a transferência de recursos arrecadados deverá ser registrada como dedução de receita ou como despesa orçamentária, de acordo com a legislação em vigor;
- no ente beneficiário ou aplicador deverá ser registrado o recebimento dos recursos como receita tributária ou de transferência, de acordo com a legislação em vigor;
- no caso de recursos compartilhados entre entes da federação, quando um é beneficiado pelo tributo de outro, é necessária a compatibilidade entre os registros dos respectivos entes;
- qualquer que seja a forma de recebimento da receita, quando for anteriormente reconhecido um direito, mesmo com valor

estimado, deverá haver registro do crédito a receber precedido do recebimento. No momento do recebimento deverá haver registros simultâneos de baixa dos créditos a receber e do respectivo recebimento.

O Código Tributário Nacional, no art. 3.º, define tributo como "toda prestação pecuniária compulsória, em moeda ou cujo valor nela se possa exprimir, que não constitua sanção de ato ilícito, instituída em lei e cobrada mediante atividade administrativa plenamente vinculada" e define suas espécies da seguinte forma:

- **imposto** — conforme o art. 16, imposto é o tributo cuja obrigação tem por fato gerador uma situação independente de qualquer atividade estatal específica, relativa ao contribuinte;
- **taxa** — de acordo com o art. 77, as taxas cobradas pela União, pelos estados, pelo Distrito Federal ou pelos municípios, no âmbito de suas respectivas atribuições, têm como fato gerador o exercício regular do poder de polícia ou a utilização, efetiva ou potencial, de serviço público específico e divisível, prestado ao contribuinte ou posto à sua disposição;
- **contribuição de melhoria** — segundo o art. 81, a contribuição de melhoria cobrada pela União, pelos estados, pelo Distrito Federal ou pelos municípios, no âmbito de suas respectivas atribuições, é instituída para fazer face ao custo de obras públicas de que decorra valorização imobiliária, tendo como limite total a despesa realizada e como limite individual o acréscimo de valor que da obra resultar para cada imóvel beneficiado.

Receita de contribuições

É o ingresso proveniente de contribuições sociais, de intervenção no domínio econômico e de interesse das categorias profissionais ou econômicas, como instrumento de intervenção nas respectivas áreas. Apesar da controvérsia doutrinária sobre o tema, suas espécies podem ser definidas da seguinte forma:

- **contribuições sociais** — destinadas ao custeio da seguridade social, que compreende a previdência social, a saúde e a assistência social;
- **contribuições de intervenção no domínio econômico** — derivam da contraprestação à atuação estatal exercida em favor de determinado grupo ou coletividade;
- **contribuições de interesse das categorias profissionais ou econômicas** — destinadas ao fornecimento de recursos aos órgãos representativos de categorias profissionais legalmente regulamentadas ou a órgãos de defesa de interesse dos empregadores ou empregados.

Receita patrimonial

É o ingresso proveniente de rendimentos sobre investimentos do ativo permanente, de aplicações de disponibilidades em operações de mercado e outros rendimentos oriundos de renda de ativos permanentes.

Receita agropecuária

É o ingresso proveniente da atividade ou da exploração agropecuária de origem vegetal ou animal. Incluem-se nessa classificação as receitas advindas da exploração da agricultura (cultivo do solo), da pecuária (criação, recriação ou engorda de gado e de animais de pequeno porte) e das atividades de beneficiamento ou transformação de produtos agropecuários em instalações existentes nos próprios estabelecimentos.

Receita industrial

É o ingresso proveniente da atividade industrial de extração mineral, de transformação, de construção e outras, provenientes das atividades industriais definidas como tal pela Fundação Instituto Brasileiro de Geografia e Estatística (IBGE).

Receita de serviços

É o ingresso proveniente da prestação de serviços de transporte, saúde, comunicação, portuário, armazenagem, de inspeção e fiscalização, judiciário, processamento de dados, vendas de mercadorias e produtos inerentes à atividade da entidade e outros serviços.

Transferências correntes

É o ingresso proveniente de outros entes/entidades, referente a recursos pertencentes ao ente/entidade recebedora ou ao ente/entidade transferidora, efetivado mediante condições preestabelecidas ou mesmo sem qualquer exigência, desde que o objetivo seja a aplicação em despesas correntes.

Outras receitas correntes

São os ingressos correntes provenientes de outras origens, não classificáveis nas anteriores.

Finalizando, as fontes de receitas orçamentárias correntes são classificadas de acordo com a seguinte exemplificação:

- *receita tributária*: impostos, taxas e contribuições de melhoria;
- *receita de contribuições*: contribuições sociais e econômicas;
- *receita patrimonial*: receitas imobiliárias, de valores imobiliários, participações e outras receitas patrimoniais;
- *receita agropecuária*: receita da produção vegetal, animal e derivados;
- *receita industrial*: receita da indústria extrativa mineral, de transformação e de serviços industriais de utilidade pública;
- *receita de serviços*: comerciais, financeiros, de transportes, de comunicações, de saúde e outros serviços;
- *transferências correntes*: transferências intergovernamentais;
- *outras receitas correntes*: multas e juros de mora, cobrança de dívida ativa, indenizações e restituições e outras receitas diversas.

2. Receitas de capital

Segundo a Lei n.º 4.320/64, são receitas de capital as provenientes da realização de recursos financeiros oriundos de constituição de dívidas; da conversão, em espécie, de bens e direitos; os recursos recebidos de outras pessoas de direito público ou privado destinados a atender despesas classificáveis em despesas de capital e, ainda, o superávit do orçamento corrente.

A classificação da receita de capital obedecerá ao seguinte esquema, detalhado nos seguintes níveis de origem:

- Operações de crédito
- Alienação de bens
- Amortização de empréstimos
- Transferências de capital
- Outras receitas de capital

Operações de crédito

São os ingressos provenientes da colocação de títulos públicos ou da contratação de empréstimos e financiamentos, obtidos junto a entidades estatais ou privadas.

Alienação de bens

É o ingresso proveniente da alienação de componentes do ativo permanente. É captada através da venda de bens patrimoniais móveis e imóveis, e diz respeito às conversões de bens em moeda corrente.

Amortização de empréstimos

É o ingresso proveniente da amortização, ou seja, da parcela referente ao recebimento de parcelas de empréstimos ou financiamentos concedidos em títulos ou contratos a outras entidades de direito público.

Transferências de capital

É o ingresso proveniente de outros entes/entidades, referente a recursos pertencentes ao ente/entidade recebedora ou ao ente/entidade transferidora, efetivado mediante condições preestabelecidas ou mesmo sem qualquer exigência, desde que o objetivo seja a aplicação em despesas de capital.

Outras receitas de capital

São os ingressos de capital provenientes de outras origens, não classificáveis nas anteriores.

Finalizando, as fontes de receitas orçamentárias de capital são classificadas de acordo com a seguinte exemplificação:

- *operações de crédito*: operações de crédito internas e externas;
- *alienação de bens*: alienação de bens móveis e imóveis;
- *amortização de empréstimos*: amortização de empréstimos concedidos;
- *transferências de capital*: transferências intergovernamentais;
- *outras receitas correntes*: outras.

b) Receita pública extraorçamentária

A receita extraorçamentária é o produto da arrecadação feita pelo ente governamental e que constituirá compromisso exigível, ou seja, será reclamado posteriormente, pois não pertence ao Estado. Assim, a sua devolução (pagamento) independe de autorização orçamentária e, consequentemente, de autorização legislativa.

O Art. 93 da Lei n.º 4.320/1964 determina que todas as operações de que resultem débitos e créditos de natureza financeira, não compreendidas na execução orçamentária, serão também objeto de registro, individualização e controle contábil.

A realização (arrecadação) da receita extraorçamentária não constitui renda do Estado nem se vincula ao orçamento. O Estado atua como mero depositário dos valores recebidos. Para conhecer se a receita de determinado órgão é orçamentária ou extraorçamentária, é necessário que seja feita a sua classificação mediante análise de que o recurso recolhido pertence ao órgão que esteja recebendo ou ao Tesouro.

Se a importância recolhida se referir às atividades do órgão, será uma receita orçamentária do mesmo. Do contrário, esse recolhimento referir-se-á a uma receita extraorçamentária e se adicionará às disponibilidades financeiras da entidade, com contrapartida no passivo exigível, que será devolvida quando reclamado.

São exemplos de receita extraorçamentária cauções e fianças, consignações em folha de pagamento para serem repassadas a terceiros, retenções de obrigações na fonte, entre outros.

Cauções e fianças: são valores dados em garantia nas contratações de grande vulto, exigidos a critério do ordenador de despesa do órgão, que serão restituídas depois do cumprimento do objeto contratual.

Consignações em folha de pagamento: são os valores descontados da folha de pagamentos dos servidores de uma entidade, para o fim de serem repassados a credores diversos, tais como contribuição para sindicatos, mensalidades de planos de saúde, pensão alimentícia e outros.

Retenções de obrigações na fonte: são os descontos efetuados por determinação legal, tais como imposto sobre a renda, contribuições para a previdência social, contribuições patronais, dentre outras.

As consignações e retenções: são descontadas quando da elaboração da folha de pagamentos para posteriormente serem repassados às entidades consignantes.

Uma receita extraorçamentária se converterá em receita orçamentária quando o valor correspondente a um depósito for declarado perdido em favor do Estado, em caso de inadimplência contratual ou decadência do contribuinte em uma ação.

4.1.3. Estágios da receita orçamentária

Um estágio da receita orçamentária é cada passo identificado que evidencia o comportamento da receita e facilita o conhecimento e a gestão dos ingressos de recursos. Os estágios da receita orçamentária são os seguintes:

a) previsão;
b) lançamento;

c) arrecadação;
d) recolhimento.

Fase de planejamento da receita

a) Previsão

Estimativa de arrecadação da receita, constante da lei orçamentária anual (LOA). Essa fase consiste na organização e no estabelecimento da metodologia de elaboração da estimativa.

É uma estimativa do montante que se espera arrecadar em determinado período, normalmente compreendido por um exercício financeiro. Por ser uma expectativa de arrecadação, é também denominada receita orçada ou receita prevista.

Contrariamente ao que muitos pensam, a previsão da receita orçamentária tem um significado importante na elaboração dos programas do governo, pois a viabilização deles dependerá, de certa forma, da existência de recursos que a máquina arrecadadora da receita for capaz de produzir.

Fase de execução da receita

b) Lançamento

Essa fase consiste no lançamento, que é tratado pela Lei n.º 4.320/1964 nos seus artigos 51 e 53, sendo o assentamento dos débitos futuros dos contribuintes de impostos diretos, cotas ou contribuições prefixadas ou decorrentes de outras fontes de recursos, efetuados pelos órgãos competentes que verificam a procedência do crédito, a natureza da pessoa do contribuinte (física ou jurídica) e o valor correspondente à respectiva estimativa.

O lançamento é a legalização da receita pela sua instituição e a respectiva inclusão no orçamento. É o segundo estágio da receita pública, no qual é feita a individualização, a identificação do contribuinte e respectivo valor, a espécie de tributo e o vencimento para o pagamento.

Por ser um ato administrativo que visa à identificação e ao detalhamento dos dados tratados, esse estágio da receita não produz nenhum documento ou ato que necessite de escrituração contábil. Portanto, o lançamento da receita orçamentária não é escriturado contabilmente.

Nem todas as receitas estão sujeitas ao estágio do lançamento, ingressando diretamente no estágio de arrecadação. É o caso da arrecadação dos impostos indiretos, que independem de aviso do poder público.

c) Arrecadação

Entrega, realizada pelos contribuintes ou devedores aos agentes arrecadadores ou bancos autorizados pelo ente, dos recursos devidos ao Tesouro. A arrecadação ocorre somente uma vez, vindo em seguida o recolhimento. Quando um ente arrecada para outro ente, cumpre-lhe apenas entregar os valores pela transferência dos recursos, não sendo considerada arrecadação quando do recebimento pelo ente beneficiário. É o terceiro estágio da receita pública, no qual ocorre a escrituração do primeiro lançamento contábil. É o momento do pagamento efetuado pelo contribuinte ao agente arrecadador.

Entende-se como entes arrecadadores todas as repartições competentes, na forma da lei, como delegacias fiscais, alfândegas, tesourarias e outras que estejam ou venham a ser legalmente autorizadas a arrecadar rendas previstas.

Não podemos deixar de destacar, entre os agentes arrecadadores que estão legalmente autorizados a arrecadar receitas, a rede de agências bancárias dos diversos estabelecimentos existentes.

d) Recolhimento

Transferência dos valores arrecadados à conta específica do Tesouro, responsável pela administração e controle da arrecadação e programação financeira, observando o princípio da unidade de caixa, vedada qualquer fragmentação para criação de caixas especiais e representada pelo controle centralizado dos recursos arrecadados em cada ente.

O recolhimento configura-se com a entrada dos valores arrecadados pelos agentes no Tesouro público, os quais são escriturados nos livros próprios das diversas repartições públicas, pela sistemática atualmente em uso, na maioria e quase totalidade dos casos, sendo o contribuinte ou devedor compelido a preencher uma guia de recolhimento, instituída pelo órgão público, onde deverá colocar todos os dados relativos ao que está sendo recolhido, e o pagamento certamente será efetuado em uma agência bancária ou via sistemas informatizados on-line.

É o quarto estágio da receita pública, no qual ocorre a escrituração do segundo lançamento contábil. É o ato em que o agente arrecadador repassa ao Tesouro o valor arrecadado dos contribuintes. Nesse momento é também reconhecida a entrada do recurso no sistema financeiro através do débito na conta bancária e crédito na conta de receita.

4.1.4. Codificação da receita

O parágrafo 1.º do art. 8.º da Lei n.º 4.320/1964 define que os itens da discriminação da receita, mencionados no seu art. 11, serão identificados por números de código decimal.

Convencionou-se denominar esse código como "natureza de receita". Tal código busca classificar a receita identificando a origem do recurso segundo seu fato gerador.

Dessa forma, as naturezas de receitas orçamentárias procuram refletir o fato gerador que ocasionou o ingresso dos recursos aos cofres públicos. É a menor célula de informação no contexto orçamentário para as receitas públicas, devendo, portanto, conter todas as informações necessárias para as devidas vinculações.

Face à necessidade de constante atualização e melhor identificação dos ingressos aos cofres públicos, o código identificador da natureza de receita é desmembrado em níveis.

Assim, na elaboração do orçamento público, a codificação econômica da receita orçamentária é composta dos níveis a seguir:

- 1.º nível — categoria econômica
- 2.º nível — origem
- 3.º nível — espécie

- 4.º nível — rubrica
- 5.º nível — alínea
- 6.º nível — subalínea

1.º nível — categoria econômica. Utilizado para mensurar o impacto das decisões do governo na economia nacional (formação de capital, custeio, investimentos etc.). A Lei n.º 4.320/1964, em seu artigo 11, classifica a receita orçamentária em duas categorias econômicas:
- receitas correntes
- receitas de capital

Com a Portaria Interministerial STN/SOF n.º 338, de 26 de abril de 2006, essas categorias econômicas foram detalhadas em receitas correntes intraorçamentárias e receitas de capital intraorçamentárias. As classificações incluídas não constituem novas categorias econômicas de receita, mas especificações das categorias econômicas corrente e capital, que possuem os seguintes códigos:

1. Receitas correntes intraorçamentárias
2. Receitas de capital intraorçamentárias

2.º nível — origem. Identifica a procedência dos recursos públicos em relação ao fato gerador dos ingressos das receitas (derivada, originária, transferências e outras). É a subdivisão das categorias econômicas, que tem por objetivo identificar a origem das receitas no momento em que elas ingressam no patrimônio público. No caso das receitas correntes, tal classificação serve para identificar se as receitas são compulsórias (tributos e contribuições), provenientes das atividades em que o Estado atua diretamente na produção (agropecuárias, industriais ou de prestação de serviços), da exploração do seu próprio patrimônio (patrimoniais), se provenientes de transferências destinadas ao atendimento de despesas correntes ou, ainda, de outros ingressos.

No caso das receitas de capital, distinguem-se as provenientes de operações de crédito, da alienação de bens, da amortização dos empréstimos, das transferências destinadas ao atendimento de despesas de capital ou de outros ingressos de capital.

3.º nível — *espécie*. É o nível de classificação vinculado à origem, composto por títulos que permitem qualificar com maior detalhe o fato gerador dos ingressos de tais receitas. Por exemplo, dentro da origem "Receita Tributária" (receita proveniente de tributos), podemos identificar as suas espécies, tais como impostos, taxas e contribuições de melhoria (conforme definido na Constituição Federal de 1988 e no Código Tributário Nacional), sendo cada uma dessas receitas uma espécie de tributo diferente das demais. É a espécie de receita.

4.º nível — *rubrica*. É o detalhamento das espécies de receita. A rubrica busca identificar dentro de cada espécie de receita uma qualificação mais específica. Agrega determinadas receitas com características próprias e semelhantes entre si.

5.º nível — *alínea*. Funciona como qualificação da rubrica. Apresenta o nome da receita propriamente dito e recebe o registro pela entrada de recursos financeiros.

6.º nível — *subalínea*. Constitui o nível mais analítico da receita. Para atender às necessidades internas, a União, os estados, o Distrito Federal e os municípios poderão detalhar as classificações orçamentárias constantes do Anexo VII, a partir do nível ainda não detalhado. A administração dos níveis já detalhados cabe à União.

Exemplo: 1.1.1.2.04.10 — Pessoas físicas:

1 = Receita corrente (categoria econômica);
   1 = Receita tributária (origem);
      1 = Receita de impostos (espécie);
         2 = Impostos sobre o Patrimônio e a Renda (rubrica);
            04 = Imposto sobre a Renda e Proventos de Qualquer Natureza (alínea);
               10 = Pessoas físicas (subalínea)
                  XX = Nível de detalhamento optativo

4.2. DESPESA SOB O ENFOQUE ORÇAMENTÁRIO

4.2.1. Conceito

Despesa pública sob o enfoque orçamentário são os gastos fixados na lei orçamentária, realizados pelos entes públicos, destinados à execução dos serviços públicos, em favor da população ou do próprio Estado, visando ao seu funcionamento, expansão e manutenção da máquina administrativa.

Compreende, ainda, pagamentos orçamentários ou não, destinados a satisfazer os compromissos da dívida pública, restituição de pagamentos recebidos indevidamente ou a títulos de cauções, depósitos, consignações, entre outros.

A despesa pública é fixada anualmente no orçamento, que é a ferramenta que o administrador público utiliza para nortear a sua ação governamental, na execução dos seus programas de governo.

4.2.2. Classificações

4.2.2.1. Quanto à repercussão patrimonial

a) Despesa efetiva
Reduz a situação líquida do patrimônio financeiro e a situação líquida global, provocando geralmente saída de numerário sem a entrada de bens. Exemplo: despesa com pessoal.

b) Despesa não efetiva (por mutação patrimonial)
Reduz a situação líquida do patrimônio financeiro, mas mantém ou aumenta a situação líquida global do patrimônio permanente. Exemplos: concessão de empréstimo, aquisição de imóvel etc.

4.2.2.2. Quanto à natureza

De acordo com a sua natureza, a despesa pública pode ser classificada em *despesa orçamentária* e *despesa extraorçamentária*.

a) Despesa orçamentária

1. Despesas correntes

Classificam-se nessa categoria todas as despesas que não contribuem diretamente para a formação ou aquisição de um bem de capital. Podemos então dizer que despesas correntes são os gastos de natureza operacional, realizados pelas instituições públicas, para a manutenção e funcionamento dos seus órgãos.

Assim, podemos identificar que as despesas correntes devem ser compreendidas, através dos seguintes grupos de natureza de despesa:
- pessoal e reflexos
- juro e encargos da dívida
- outras despesas correntes

2. Despesas de capital

Classificam-se nessa categoria aquelas despesas que contribuem diretamente para a formação ou aquisição de um bem de capital. Também podemos afirmar que despesas de capital são os gastos realizados pelas instituições públicas, cujo propósito é o de criar novos bens de capital ou mesmo adquirir bens de capital já em uso, como é o caso de investimentos e inversões financeiras, respectivamente.

Nessa categoria podemos identificar que as despesas de capital devem ser compreendidas através dos seguintes grupos de natureza de despesa:
- investimentos
- inversões financeiras
- amortização da dívida

Grupos de natureza de despesa

Entende-se por grupos de natureza de despesa a agregação de elementos que apresentam a mesma característica quanto ao objeto de gasto, e são assim relacionados:

1. Pessoal e encargos sociais

Despesas de natureza remuneratória decorrentes do efetivo exercício de cargo, emprego ou função de confiança no setor público, do pagamento dos proventos de aposentadorias, reformas e pensões, das obrigações trabalhistas de responsabilidade do empregador, incidentes sobre a folha de salários, contribuição a entidades fechadas de previdência, outros benefícios assistenciais classificáveis nesse grupo de despesa, bem como soldo, gratificações, adicionais e outros direitos remuneratórios, pertinentes a esse grupo de despesa, previstos na estrutura remuneratória dos militares e, ainda, despesas com o ressarcimento de pessoal requisitado, despesas com a contratação temporária para atender a necessidade de excepcional interesse público e despesas com contratos de terceirização de mão de obra que se refiram à substituição de servidores e empregados públicos, em atendimento ao disposto no art. 18, § 1.º, da Lei Complementar n.º 101, de 2000.

2. Juros e encargos da dívida

Despesas com o pagamento de juros, comissões e outros encargos de operações de crédito internas e externas contratadas, bem como da dívida pública mobiliária.

3. Outras despesas correntes

Despesas com aquisição de material de consumo, pagamento de diárias, contribuições, subvenções, auxílio-alimentação, auxílio-transporte, além de outras despesas da categoria econômica "Despesas Correntes" não classificáveis nos demais grupos de natureza de despesa.

4. Investimentos

Despesas com o planejamento e a execução de obras, inclusive com a aquisição de imóveis considerados necessários à realização destas últimas, e com a aquisição de instalações, equipamentos e material permanente.

5. Inversões financeiras

Despesas com a aquisição de imóveis ou bens de capital já em utilização; aquisição de títulos representativos do capital de empresas ou entidades de qualquer espécie, já constituídas, quando a operação não importe aumento do capital; e com a constituição ou aumento do capital de empresas.

6. Amortização da dívida

Despesas com o pagamento e/ou refinanciamento do principal e da atualização monetária ou cambial da dívida pública interna e externa, contratual ou mobiliária.

b) Despesa extraorçamentária

É a despesa que não consta na lei orçamentária anual, ou seja, é paga à margem do orçamento, sendo independente de autorização legislativa.

Constitui-se em saídas do passivo financeiro, compensatórias de entradas no ativo financeiro, oriundas de receitas extraorçamentárias, correspondendo à restituição ou entrega de valores recebidos, como cauções, depósitos, consignações e outros. Também fazem parte das despesas extraorçamentárias os resgates relativos às operações de crédito por antecipação da receita, ou seja, empréstimos e financiamentos cuja liquidação deve ser efetuada no prazo inferior a 112 meses, pois constituem saídas compensatórias de entradas, no ativo e passivo financeiro.

4.2.3. Modalidade de aplicação

A natureza de despesa será complementada pela informação gerencial denominada "modalidade de aplicação", a qual tem por finalidade indicar se os recursos são aplicados diretamente por órgão ou entidade no âmbito da mesma esfera de governo ou por outro ente da federação e suas respectivas entidades, e objetiva eliminar a dupla contagem dos recursos transferidos ou descentralizados.

10. Transferências intragovernamentais

Despesas realizadas mediante transferência de recursos financeiros a entidades pertencentes à administração pública, dentro da mesma esfera de governo. Portaria STN/SOF n.º 519/2001.

20. Transferências à União

Despesas realizadas pelos estados, municípios ou pelo Distrito Federal, mediante transferência de recursos financeiros à União, inclusive para suas entidades da administração indireta.

30. Transferências a estados e ao Distrito Federal

Despesas realizadas mediante transferência de recursos financeiros da União ou dos municípios aos estados e ao Distrito Federal, inclusive para suas entidades da administração indireta.

40. Transferências a municípios

Despesas realizadas mediante transferência de recursos financeiros da União ou dos estados aos municípios, inclusive para suas entidades da administração indireta.

50. Transferências a instituições privadas sem fins lucrativos

Despesas realizadas mediante transferência de recursos financeiros a entidades sem fins lucrativos que não tenham vínculo com a administração pública.

60. Transferências a instituições privadas com fins lucrativos

Despesas realizadas mediante transferência de recursos financeiros a entidades com fins lucrativos que não tenham vínculo com a administração pública.

70. Transferências a instituições multigovernamentais nacionais

Despesas realizadas mediante transferência de recursos financeiros a entidades nacionais, criadas e mantidas por dois ou mais entes da federação.

80. Transferências ao exterior

Despesas realizadas mediante transferência de recursos financeiros a órgãos e entidades governamentais pertencentes a outros países, a organismos internacionais e a fundos instituídos por diversos países, inclusive aqueles que tenham sede ou recebam os recursos no Brasil.

90. Aplicações diretas

Aplicação direta, pela unidade orçamentária, dos créditos a ela alocados ou oriundos de descentralização de outras entidades integrantes ou não dos orçamentos fiscal ou da seguridade social, no âmbito da mesma esfera de governo.

99. A definir

Modalidade de utilização exclusiva do Poder Legislativo, vedada a execução orçamentária enquanto não houver sua definição, podendo ser utilizada para classificação orçamentária da Reserva de Contingência.

4.2.4. Estágios da despesa

A despesa orçamentária, desde a edição do Código de Contabilidade Pública, emanado pelo Decreto n.º 15.783/1922, determinou que toda despesa do Estado deve passar por três estágios:

- empenho
- liquidação
- pagamento

Essas fases ainda estão vigentes nos dias de hoje, pois foram reforçadas e podem ser confirmadas na Lei n.º 4.320/1964.

Entretanto, deve-se ressalvar esse tópico, já que obviamente a escrituração contábil da despesa orçamentária deve ainda ser registrada quanto ao aspecto relativo ao crédito fixado na lei orçamentária que constitui, na realidade, outra etapa ou estágio da despesa, denominada *fixação*.

Fase de planejamento da despesa

1. Fixação

A fixação, que na realidade é a primeira etapa ou estágio desenvolvido pela despesa orçamentária, é cumprida por ocasião da edição das tabelas detalhadas que são emanadas pela lei do orçamento. Então, a lei do orçamento é o documento que caracteriza a fixação da despesa orçamentária, ou seja, é o documento através do qual são fixadas as discriminações e especificações dos créditos orçamentários.

A etapa de elaboração do orçamento é concluída com a edição da lei orçamentária, cuja última etapa é a fixação, na qual são escriturados os valores nas contas do sistema orçamentário, não havendo o reconhecimento contábil em outros sistemas.

Fase de execução da despesa

2. Empenho

Empenho, segundo o artigo 58 da Lei n.º 4.320/1964, é o ato emanado de autoridade competente que cria para o Estado obrigação de pagamento pendente ou não de implemento de condição. Consiste na reserva de dotação orçamentária para um fim específico.

O empenho será formalizado mediante a emissão de um documento denominado "nota de empenho", no qual deve constar o nome do credor, a especificação do credor e a importância da despesa, bem como os demais dados necessários ao controle da execução orçamentária.

Embora o artigo 61 da Lei n.º 4.320/1964 estabeleça a obrigatoriedade do nome do credor no documento "nota de empenho", em alguns casos, como na folha de pagamento, torna-se impraticável a emissão de um empenho para cada credor, tendo em vista o número excessivo de credores (servidores).

Caso não seja necessária a impressão do documento "nota de empenho", ele ficará arquivado em banco de dados, em tela com formatação própria e modelo oficial, a ser elaborado por cada ente da federação em atendimento às suas peculiaridades.

Ressalte-se que o artigo 60 da Lei n.º 4.320/1964 veda a realização da despesa sem prévio empenho, entretanto, o § 1.º do referido artigo estabelece que, em casos especiais, pode ser dispensada a emissão do documento "nota de empenho". Ou seja, o empenho, propriamente dito, é indispensável. Quando o valor empenhado for insuficiente para atender à despesa a ser realizada, o empenho poderá ser reforçado.

Caso o valor do empenho exceda o montante da despesa realizada, o empenho deverá ser anulado parcialmente. Será anulado totalmente quando o objeto do contrato não tiver sido cumprido ou no caso de ter sido emitido incorretamente.

Os empenhos podem ser classificados em:

I   *Ordinário*: é o tipo de empenho utilizado para as despesas de valor fixo e previamente determinado, cujo pagamento deva ocorrer de uma só vez.

II *Estimativo*: é o tipo de empenho utilizado para as despesas cujo montante não se pode determinar previamente, tais como serviços de fornecimento de água e energia elétrica, aquisição de combustíveis e lubrificantes e outros.

III *Global*: é o tipo de empenho utilizado para despesas contratuais ou outras de valor determinado, sujeitas a parcelamento, como, por exemplo, os compromissos decorrentes de aluguéis.

3. Liquidação

Conforme dispõe o artigo 63 da Lei n.º 4.320/1964, a liquidação consiste na verificação do direito adquirido pelo credor tendo por base os títulos e documentos comprobatórios do respectivo crédito e tem por objetivo apurar:

- a origem e o objeto do que se deve pagar;
- a importância exata a pagar;
- a quem se deve pagar a importância para extinguir a obrigação.

As despesas com fornecimento ou com serviços prestados terão por base:

- o contrato, ajuste ou acordo respectivo;
- a nota de empenho;
- os comprovantes da entrega de material ou da prestação efetiva dos serviços.

4. Pagamento

O pagamento consiste na entrega de numerário ao credor por meio de cheque nominativo, ordens de pagamentos ou crédito em conta e só pode ser efetuado após a regular liquidação da despesa.

Feita a liquidação da despesa, através do processo de verificação do credor, há ainda que se providenciar a devida ordem de pagamento.

A Lei n.º 4.320/1964 em seu artigo 64 define ordem de pagamento como o despacho exarado por autoridade competente determinando que a despesa liquidada seja paga. A ordem de pagamento só pode ser exarada em documentos processados pelos serviços de contabilidade.

4.3. RECEITA SOB O ENFOQUE PATRIMONIAL (VARIAÇÃO PATRIMONIAL AUMENTATIVA)

De acordo com a Resolução CFC n.º 1.121/2008, a variação patrimonial aumentativa (receita sob o enfoque patrimonial) representa o "aumento nos benefícios econômicos sob a forma de entrada de recursos, aumento de ativos ou diminuição de passivos que resultem em uma variação positiva da situação patrimonial líquida de uma entidade no decorrer de um período contábil e que não decorram de aporte dos proprietários".

Na contabilização da variação patrimonial aumentativa deve ser adotado o regime de competência, ou seja, o registro é feito pela ocorrência do seu fato gerador, independentemente de ocorrido o recebimento (arrecadação). Assim, entende-se que o estágio da receita que representa a ocorrência do fato gerador é o lançamento.

A variação patrimonial aumentativa é uma das classes do PCASP (Plano de Contas Aplicado ao Setor Público) e compreende os seguintes grupos de contas:

a) **Tributárias e contribuições** — representa o somatório da variação patrimonial ativa/receita decorrente de impostos, taxas e contribuições de melhoria. Compreende: impostos sobre importação de produtos estrangeiros, exportação de produtos nacionais, rendas e proventos de qualquer natureza, produtos industrializados, propriedade territorial rural, grandes fortunas, propriedade predial e territorial urbana, transmissão *causa mortis* e doação, circulação de mercadorias e prestação de serviços, serviços de qualquer natureza, contribuições sociais, de intervenção no domínio econômico e de interesse das categorias profissionais ou econômicas como instrumento de intervenção nas respectivas áreas. Compreende: contribuições previdenciárias, contribuição para o financiamento da seguridade social, contribuições sobre a receita de concurso de prognósticos, contribuição para o Programa de Integração Social e de Formação do Patrimônio do Servidor Público, entre outros.

b) **Venda de mercadorias, produtos e serviços** — representa o somatório das variações patrimoniais ativas, decorrentes da venda de mercadorias, produtos e serviços de qualquer natureza, exceto alienação de bens móveis e imóveis do ativo não circulante.

c) **Financeiras** — representa o somatório das variações patrimoniais ativas/receitas com operações financeiras. Compreende: descontos obtidos, juros auferidos, prêmio de resgate de títulos e debêntures, entre outros.

d) **Transferências** — representa o somatório das variações patrimoniais ativas/receitas com transferências intergovernamentais (interferências) e intragovernamentais para entes governamentais, instituições multigovernamentais, instituições privadas com ou sem fins lucrativos e transferências ao exterior, além de subvenções sociais, subvenções econômicas e doações recebidas.

e) **Exploração de bens e serviços** — representa o somatório das variações patrimoniais ativas/receitas industriais compostas de receita de produção vegetal, animal e derivados, decorrentes das atividades ou explorações agropecuárias; receita da indústria de extração mineral, de transformação, de construção e outros; receita originária da prestação de serviços, tais como atividades comerciais, de transporte, de comunicação, de saúde, de armazenagem, serviços científicos e tecnológicos, de metrologia, agropecuários etc.; de remuneração pela exploração de bens como aluguéis, *royalties*, entre outras.

f) **Valorização com ganhos de ativos** — representa o somatório das variações patrimoniais ativas relativas a receitas com ganhos de alienação de ativos e reavaliação, entre outras.

g) **Outras variações patrimoniais aumentativas** — representa o somatório das demais variações patrimoniais ativas não incluídas nos grupos anteriores. Compreende reavaliação, ganho na alienação de ativos, ganhos na variação cambial, resultado positivo à equivalência patrimonial, cancelamento de passivos, reversão de provisões, recuperação de despesas, multas (exceto tributária), entre outras.

4.4. DESPESA SOB O ENFOQUE PATRIMONIAL (VARIAÇÃO PATRIMONIAL DIMINUTIVA)

De acordo com a Resolução CFC n.º 1.121/2008, as variações patrimoniais diminutivas (despesas sob o enfoque patrimonial) são decréscimos nos benefícios econômicos durante o período contábil sob a forma de saída de recursos ou redução de ativos ou incremento em passivos, que resultem em decréscimo do patrimônio líquido e que não sejam provenientes de distribuição aos proprietários da entidade.

Na contabilização da variação patrimonial diminutiva deve ser adotado o regime de competência, ou seja, o registro é feito pela ocorrência do seu fato gerador, independentemente de ocorrido o pagamento. Assim, entende-se que o estágio da despesa que representa a ocorrência do fato gerador é a liquidação.

A variação patrimonial diminutiva é uma das classes do PCASP (Plano de Contas Aplicado ao Setor Público) e compreende os seguintes grupos de contas:

a) **Pessoal e encargos** — representa o somatório das variações patrimoniais passivas/despesas de natureza salarial decorrentes do exercício efetivo do cargo ou do emprego público, seja civil ou militar, função de confiança, bem como as obrigações trabalhistas e os benefícios de responsabilidade do empregador incidentes sobre a folha de salários. Compreende salários, remunerações, gratificações, funções, 1/3 de férias, décimo terceiro salário, encargos patronais, entre outros (as despesas com aposentadorias, reformas e pensões serão registradas em grupo específico denominado "Despesas de benefícios sociais").

b) **Outros benefícios previdenciários** — representa o somatório das variações patrimoniais passivas/despesas com benefícios previdenciários. Compreende aposentadorias, pensões e outros que digam respeito à previdência social.

c) **Benefícios assistenciais** — representa o somatório das variações patrimoniais passivas/despesas com benefícios assistenciais. Compreende benefícios de prestação continuada (Prouni, Farmácia Popular, Luz para Todos, Programa de Erradicação do Trabalho Infantil, bolsas, auxílios, entre outros), benefícios eventuais, como auxílios financeiros e políticas públicas de transferência de renda (Programa Fome Zero, entre outros).

d) **Financeiras** — representa o somatório das variações patrimoniais passivas/despesas com operações financeiras. Compreende juros incorridos, descontos concedidos, comissões e despesas bancárias, correções monetárias, despesas com obrigações tributárias, remunerações de depósitos, entre outras.

e) **Transferências** — representa o somatório das variações patrimoniais passivas/despesas com transferências intergovernamentais e intragovernamentais para entes governamentais, instituições multigovernamentais, instituições privadas com ou sem fins lucrativos e transferências ao exterior, subvenções sociais, subvenções econômicas e doações concedidas.

f) **Tributárias e contributivas** — representa o somatório das variações patrimoniais passivas/despesas com tributos e contribuições devidos pelos órgãos e entidades do setor público.

g) **Uso de bens e serviços e consumo de capital fixo** — representa o somatório das variações patrimoniais passivas/despesas com manutenção e operação da máquina pública, exceto despesas com pessoal e encargos que serão registradas em grupo específico ("Despesas de pessoal e encargos"). Compreende diárias, material de consumo, material de distribuição gratuita, passagens e despesas com locomoção, serviços de terceiros, arrendamento mercantil operacional, aluguel, depreciação, amortização, exaustão e capital fixo, entre outras.

h) **Desvalorização e perda de ativos** — representa o somatório das variações patrimoniais passivas, referente à desvalorização dos bens por redução ao valor recuperável, perdas obtidas com alienação e perdas involuntárias, entre outras.

i) **Outras variações patrimoniais dimiutivas** — representa o somatório das demais variações patrimoniais passivas não incluídas nos grupos anteriores. Compreende provisões para crédito de liquidação duvidosa, ajuste ao valor recuperável, perda na alienação de ativos, resultado negativo da equivalência patrimonial, assunção de passivos, indenizações, perdas por obsolescência e inservibilidade, entre outras.

capítulo · 5

Patrimônio público

5.1. PATRIMÔNIO PÚBLICO: DEFINIÇÕES E CLASSIFICAÇÕES

5.1.1. Definição

Define-se patrimônio como o conjunto de bens, direitos e obrigações vinculados a uma pessoa física ou jurídica. Contudo, os estudos sobre o patrimônio revelam que qualquer conjunto de bens, direitos e obrigações somente constituirá um patrimônio quando forem observados dois requisitos básicos:

1. sejam componentes de um conjunto que possua conteúdo econômico avaliável em moeda;
2. exista interdependência dos elementos componentes do patrimônio e vinculação do conjunto a uma entidade que vise alcançar determinados fins.

As Normas Brasileiras de Contabilidade, ao tratarem do setor público (NBC T SP) trazem a seguinte definição

> [...] conjunto de direitos e bens, tangíveis ou intangíveis, onerados ou não, adquiridos, formados, produzidos, recebidos, mantidos ou utilizados pelas entidades do setor público, que seja portador ou represente um fluxo de benefícios, presente ou futuro, inerente à prestação de serviços públicos ou à exploração econômica por entidades do setor público e suas obrigações (Resolução CFC n.º 1.129/2008 — Aprova a NBC TSP 16.2 — Patrimônio e Sistemas Contábeis)

5.1.2. Classificação

O patrimônio público é estruturado em três grupos.

1. **Ativo** — compreende os direitos e os bens, tangíveis ou intangíveis adquiridos, formados, produzidos, recebidos, mantidos ou utilizados pelo setor público, que representem um fluxo de benefícios, presente ou futuro.
2. **Passivo** — compreende as obrigações assumidas pelas entidades do setor público ou mantidas na condição de fiel depositário, bem como as contingências e as provisões.
3. **Patrimônio líquido** — representa a diferença entre o ativo e o passivo.

A classificação dos elementos patrimoniais considera a segregação em "circulante" e "não circulante", com base em seus atributos de conversibilidade e exigibilidade.

Os ativos devem ser classificados no subgrupo "circulante" quando estiverem disponíveis para realização imediata ou tiverem a expectativa de realização até o término do exercício seguinte. Os demais ativos devem ser classificados no subgrupo "não circulante".

Os passivos devem ser classificados no subgrupo "circulante" quando corresponderem a valores exigíveis até o término do exercício seguinte ou quando corresponderem a valores de terceiros ou retenções em nome deles (quando a entidade do setor público for fiel depositária), independentemente do prazo de exigibilidade. Os demais passivos devem ser classificados no subgrupo "não circulante".

5.1.3. Classificações do ativo

O ativo é dividido em:

a) **Ativo circulante:** compreende as próprias disponibilidades (caixa e equivalentes de caixa), os bens e direitos e os valores realizáveis desde que atendam a um dos seguintes critérios:
  - estarem disponíveis para realização imediata;
  - tiverem a expectativa de realização até o término do exercício seguinte.

b) **Ativo não circulante:** compreende todos os demais ativos e inclui os bens, direitos e valores cuja mobilização ou alienação dependa de autorização legislativa.

No que se refere ao ativo circulante, é preciso não confundir a visão orçamentária com a visão contábil-patrimonial, pois na primeira deve prevalecer o conceito restrito de ativo financeiro como condição para a abertura de créditos adicionais para fins de realização das despesas à conta do orçamento, enquanto na visão contábil-patrimonial prevalece o conceito de circulante, que inclui, necessariamente, os valores numerários conforme comando dos § 1.º e 2.º do art 105 da Lei n.º 4.320/1964, a seguir transcritos:

> § 1.º O Ativo Financeiro compreenderá os créditos e valores realizáveis independentemente de autorização orçamentária e os valores numerários.

> § 2.º O Ativo Permanente compreenderá os bens, créditos e valores, cuja mobilização ou alienação dependa de autorização legislativa.

Assim, os estudos do patrimônio indicam que o termo "circulante" deve ser utilizado por caracterizar, com maior precisão, a potencialidade dos ativos e da geração de futuros benefícios econômicos.

Fazem parte do ativo circulante, desde que atendidos os critérios anteriores:

- Numerário em tesouraria.
- Depósitos em bancos.
- Aplicações financeiras de curto prazo.
- Valores a receber de qualquer natureza (lançamentos tributários diretos, parcelamentos tributários, valores inscritos em dívida ativa).
- Valores entregues a servidores a título de adiantamento ou suprimento de fundos e que estejam pendentes de prestação de contas.

No ativo não circulante estão:

- Valores móveis que se integram ao patrimônio como elementos instrumentais da administração.

- Os que, para serem alienados, dependam de autorização legislativa.
- Todos aqueles que, por sua natureza, produzam variações positivas ou negativas no patrimônio financeiro.
- A dívida ativa, originada de tributos e outros créditos estranhos ao ativo financeiro, cujo prazo de recebimento ultrapasse o exercício financeiro seguinte.

As contas representativas de bens, valores e créditos compreendem o que denominamos *ativo real*, ou seja, são contas que registram a existência e a movimentação dos bens e direitos, cuja realização não admite dúvidas, seja por sua condição de valores em espécie ou em títulos de poder liberatório, seja por sua característica de créditos de liquidez certa, seja, afinal, pela condição de patrimônio representado por inversões e investimentos.

5.1.4. Classificações do passivo

O passivo é a parte do patrimônio que se relaciona às dívidas e obrigações assumidas pela administração em virtude de serviços, contratos, fornecimentos, cujo pagamento não é realizado no ato ou, então, em face de empréstimos contraídos no país ou no exterior.

O passivo encontra-se estruturado pelos seguintes grupos:

a) Passivo circulante, que corresponde a valores:
- exigíveis até o término do exercício seguinte;
- de terceiros ou retenções em nome deles, quando a entidade do setor público for fiel depositária, independentemente do prazo de exigibilidade.

b) Passivo não circulante, que compreende as dívidas não incluídas no passivo financeiro, tais como:
- as responsabilidades que, para serem pagas, dependem de autorização orçamentária;
- todas as que, por sua natureza, formam grupos especiais de contas, cujos movimentos determinem compensações ou que produzam variações no patrimônio.

Sob o aspecto qualitativo, vale ressaltar que o passivo apresenta o conceito de dívida com a seguinte divisão:

a) dívida flutuante
b) dívida fundada

A dívida flutuante compreende os restos a pagar, o serviço da dívida a pagar, bem como os depósitos e os débitos de tesouraria e, normalmente, tem origem nas atividades operacionais decorrentes da execução orçamentária.

A dívida fundada, por sua vez, pode ser desdobrada em:

- Consolidada, quando decorrente do apelo ao crédito público e representada por apólices, obrigações, cédulas ou títulos semelhantes, nominativas ou ao portador, de livre circulação e cotação em bolsas do país e do exterior.

- Não consolidada, que é proveniente de operações de crédito contratadas com pessoas jurídicas de direito público ou privado, cujos títulos são os próprios instrumentos de contrato ou, quando for o caso, notas promissórias ou confissões de dívidas a ele vinculadas.

No estudo do passivo circulante e não circulante cabe a mesma reflexão realizada quando do estudo do ativo em relação ao ciclo operacional, uma vez que uma das classificações a serem produzidas no balanço patrimonial está baseada nos §§ 3.º e 4.º do art. 105 da Lei n.º 4.320/1964:

> § 3.º O Passivo Financeiro compreenderá as dívidas fundadas e outras cujo pagamento independa de autorização orçamentária.
>
> § 4.º O Passivo Permanente compreenderá as dívidas fundadas e outras que dependam de autorização legislativa para amortização ou resgate.

As contas representativas da dívida pública compreendem o denominado *passivo real* e registram a existência e a movimentação das obrigações e das responsabilidades cuja exigibilidade não admite dúvida, visto representarem dívidas líquidas e certas.

O confronto do conjunto de *bens, valores e créditos* com as *dívidas* evidencia a situação líquida patrimonial ou patrimônio líquido.

5.2. SISTEMA CONTÁBIL PÚBLICO

O sistema contábil objetiva suprir e orientar o processo de tomada de decisão, instrumentalizar o controle social, bem como fundamentar a prestação de contas. Representa a estrutura de informações sobre identificação, mensuração, avaliação, registro, controle e evidenciação dos atos e dos fatos da gestão do patrimônio público.

5.2.1. Estrutura do sistema contábil

A contabilidade aplicada ao setor público é organizada na forma de sistema de informações. Por sua vez, esse sistema é organizado em subsistemas de informações, que oferecem produtos diferentes em razão das especificidades demandadas pelos usuários e facilitam a extração de informações.

As NBCASP estruturam o sistema contábil público nos seguintes subsistemas:

a) Subsistema de informações orçamentárias — registra, processa e evidencia os atos e os fatos relacionados ao planejamento e à execução orçamentária, tais como orçamento; programação e execução orçamentária; alterações orçamentárias; e resultado orçamentário.

b) Subsistema de informações patrimoniais — registra, processa e evidencia os fatos financeiros e não financeiros relacionados com as variações do patrimônio público, subsidiando a administração com informações tais como alterações nos elementos patrimoniais, resultado econômico e resultado nominal.

c) Subsistema de custos — registra, processa e evidencia os custos da gestão dos recursos e do patrimônio públicos, subsidiando a administração com informações tais como custos dos programas, dos projetos e das atividades desenvolvidas; bom uso dos recursos públicos; e custos das unidades contábeis.

d) Subsistema de compensação — registra, processa e evidencia os atos de gestão cujos efeitos possam produzir modificações no patrimônio da entidade do setor público, bem como aqueles com funções específicas de controle, subsidiando a administração com informações tais como alterações potenciais nos elementos patrimoniais e acordos, garantias e responsabilidades.

Segundo o *Manual de Contabilidade Aplicada ao Setor Público* — MCASP (volume IV, Plano de Contas Aplicado ao Setor Público),

> [...] os subsistemas contábeis devem ser integrados entre si e a outros subsistemas de informações de modo a subsidiar a administração pública sobre:
>
> a) O desempenho da unidade contábil no cumprimento da sua missão;
>
> b) A avaliação dos resultados obtidos na execução dos programas de trabalho com relação à economicidade, à eficiência, à eficácia e à efetividade;
>
> c) A avaliação das metas estabelecidas pelo planejamento; e
>
> d) A avaliação dos riscos e das contingências.

5.3. PLANEJAMENTO E SEUS INSTRUMENTOS SOB O ENFOQUE CONTÁBIL

A NBC T 16.3 expõe claramente as definições gerais e conceitos que balizam a abrangência, o planejamento e o escopo da evidenciação. A norma define alguns tópicos que servem como referenciais aos estudiosos da área pública, entre eles:

- **Avaliação de desempenho:** ferramenta de gestão utilizada para a aferição de aspectos de economicidade, eficiência, eficácia e efetividade de programas e ações executadas por entidades do setor público.

- **Planejamento:** processo contínuo e dinâmico voltado à identificação das melhores alternativas para o alcance da missão institucional, incluindo a definição de objetivos, metas, meios, metodologia, prazos de execução, custos e responsabilidades, materializados em planos hierarquicamente interligados.

- **Plano hierarquicamente interligado:** conjunto de documentos elaborados com a finalidade de materializar o planejamento por meio de programas e ações, compreendendo desde o nível estratégico até o nível operacional, bem como propiciar a avaliação e a instrumentalização do controle.

5.3.1. Escopo da evidenciação

De acordo com as Normas Brasileiras de Contabilidade Aplicadas ao Setor Público (NBC T SP), os planos hierarquicamente interligados devem ser integrados de forma que suas metas programadas possam ser comparadas com as realizadas e as diferenças relevantes sejam evidenciadas através de notas explicativas.

Ainda segundo as NBC T SP, a evidenciação deve contribuir para a tomada de decisão e facilitar a instrumentalização do controle social, de modo a permitir que se conheçam o conteúdo, a execução e a avaliação do planejamento das entidades do setor público a partir de dois níveis de análise:

a) **coerência** entre os planos hierarquicamente interligados nos seus aspectos quantitativos e qualitativos;

b) **aderência** entre os planos hierarquicamente interligados e a sua implementação.

Os planos hierarquicamente interligados devem ter suas informações detalhadas por ano, ações, valores e metas. Nesse sentido, na avaliação da execução dos planos hierarquicamente interligados, devem ser evidenciadas as eventuais restrições ocorridas e o seu respectivo impacto.

5.4. TRANSAÇÕES NO SETOR PÚBLICO

A NBC T 16.4 expõe os conceitos e definições gerais que embasam as transações no setor público e seus reflexos sobre o patrimônio, como as variações patrimoniais e as transações que envolvam valores de terceiros.

Segundo a norma, as transações no setor público representam:

[...] os atos e os fatos que promovem alterações qualitativas ou quantitativas, efetivas ou potenciais, no patrimônio das entidades do setor público, as quais são objeto de registro contábil em estrita observância aos Princípios de Contabilidade e às Normas Brasileiras de Contabilidade Aplicadas ao Setor Público. (NBC T 16.4)

5.4.1. Natureza das transações no setor público e seus reflexos no patrimônio público

As transações no setor público são classificadas de acordo com suas características e os seus reflexos no patrimônio público, podendo ser:

- **econômico-financeiras** — correspondem às transações originadas de fatos que afetam o patrimônio público, em decorrência ou não da execução de orçamento, podendo provocar alterações qualitativas ou quantitativas, efetivas ou potenciais;
- **administrativas** — correspondem às transações que não afetam o patrimônio público, originadas de atos administrativos, com o objetivo de dar cumprimento às metas programadas e manter em funcionamento as atividades da entidade do setor público.

5.4.2. Variações patrimoniais

As transações no patrimônio da entidade do setor público que provocam alterações em seus elementos são denominadas **variações patrimoniais**. Elas podem ter caráter compensatório, afetando ou não o seu resultado.

As variações patrimoniais que afetam o patrimônio líquido devem manter correlação com as respectivas contas patrimoniais. Entende-se por correlação a vinculação entre as contas de resultado e as patrimoniais, de forma a permitir a identificação dos efeitos nas contas patrimoniais produzidos pela movimentação das contas de resultado.

As variações patrimoniais classificam-se em:

- **Quantitativas:** decorrentes de transações no setor público que aumentam ou diminuem o patrimônio líquido.
- **Qualitativas:** decorrentes de transações no setor público que alteram a composição dos elementos patrimoniais sem afetar o patrimônio líquido.

5.4.3. Transações que envolvem valores de terceiros

As transações em que a entidade do setor público responde como fiel depositária e que não afetam o seu patrimônio líquido são denominadas "transações que envolvem valores de terceiros". Elas devem ser demonstradas de forma segregada.

A denominação "fiel depositário" representa termo jurídico usado para designar um indivíduo a quem a Justiça confia um bem durante um processo, devendo este zelar pelo bem sob pena de prisão caso não o faça.

Para a contabilidade aplicada ao setor público, a entidade assume a condição de fiel depositário pelo simples fato de responsabilizar-se por valores de terceiros. Como exemplo, citamos a retenção da contribuição previdenciária no contracheque de um servidor, que deve *a posteriori* ser repassada à instituição de previdência.

capítulo · 6

Registro, mensuração e avaliação no setor público

6.1. PLANO DE CONTAS APLICADO AO SETOR PÚBLICO — PCASP

6.1.1. Conceito, objetivos e abrangência

O Plano de Contas Aplicado ao Setor Público (PCASP) representa um conjunto de contas, previamente estabelecido, que permite a obtenção das informações necessárias à elaboração de relatórios gerenciais e demonstrações contábeis, de acordo com as características gerais da entidade, possibilitando a padronização de procedimentos contábeis.

Segundo o Manual de Contabilidade Aplicada ao Setor Público (MCASP), o objetivo geral do PCASP é

> [...] estabelecer normas e procedimentos para o registro contábil das entidades do setor público, permitir a consolidação das contas públicas nacionais e gerar as informações para a tomada de decisão, da adequada prestação de contas e a instrumentalização do controle social. (MCASP, 2012)

O PCASP tem os seguintes objetivos específicos:
- atender às necessidades de informação das organizações do setor público;
- observar formato compatível com as legislações vigentes (Lei n.º 4.320/1964, Lei n.º 6.404/1976, Lei Complementar n.º 101/2000 etc.), os princípios de contabilidade e as Normas

Brasileiras de Contabilidade Técnicas Aplicadas ao Setor Público — NBCT-SP;
- adaptar-se, tanto quanto possível, às exigências das normas nacionais e internacionais de contabilidade.

A abrangência e aplicação do Plano de Contas Aplicado ao Setor Público engloba todas as entidades públicas, de forma integral ou parcial, exceto as estatais independentes, cuja utilização é facultativa.

O PCASP deve ser utilizado por todos os poderes de cada ente da federação, seus fundos, órgãos, autarquias, inclusive especiais, e fundações instituídas e mantidas pelo poder público, bem como das empresas estatais dependentes.

As entidades públicas devem observar as normas e as técnicas próprias da contabilidade aplicada ao setor público.

O conceito de empresa estatal dependente está disposto no art. 2.º, inciso III da LRF, e representa a empresa controlada que recebe do ente controlador recursos financeiros para pagamento de despesas com pessoal ou de custeio em geral ou de capital, excluídos, no último caso, aqueles provenientes de aumento de participação acionária.

6.1.2. Contas contábeis

A conta contábil pode ser definida como a expressão qualitativa e quantitativa de fatos patrimoniais de mesma natureza, evidenciando a composição, variação e estado do patrimônio, bem como de bens, direitos, obrigações e situações nele não compreendidas, mas que, direta ou indiretamente, possam vir a afetá-lo.

As contas são agrupadas segundo suas funções, possibilitando:
a) identificar, classificar e efetuar a escrituração contábil, pelo método das partidas dobradas, dos atos e fatos de gestão, de maneira uniforme e sistematizada;
b) determinar os custos das operações do governo;
c) acompanhar e controlar a execução orçamentária, evidenciando a receita prevista, lançada, realizada e a realizar, bem

como a despesa autorizada, empenhada, realizada e as dotações disponíveis;
d) elaborar os balanços orçamentário, financeiro e patrimonial, a demonstração das variações patrimoniais, de fluxo de caixa, das mutações do patrimônio e do resultado econômico;
e) conhecer a composição e situação do patrimônio analisado, por meio da evidenciação de todos os ativos e passivos;
f) analisar e interpretar os resultados econômicos e financeiros;
g) individualizar os devedores e credores, com a especificação necessária ao controle contábil do direito ou obrigação;
h) controlar contabilmente os direitos e obrigações oriundos de ajustes ou contratos de interesse da gestão.

6.1.2.1. Tipos de contas

O Plano de Contas Aplicado ao Setor Público (PCASP) é baseado na teoria patrimonialista, que visa garantir a evidenciação dos elementos patrimoniais, a compreensão, a composição patrimonial e a demonstração de todos os bens, direitos e obrigações da entidade.

As contas contábeis são classificadas em:
- **Patrimoniais**: representam as contas que integram o ativo, o passivo e o patrimônio líquido.
- **Resultado**: representam as contas que indicam receitas, despesas e as variações patrimoniais aumentativas e diminutivas.
- **Controles orçamentários**: representadas pelas contas não caracterizadas como contas patrimoniais, de resultado ou de compensação, que tenham função precípua de controle, seja para fins de elaboração de informações gerenciais específicas, acompanhamento da execução orçamentária, acompanhamento de rotinas ou elaboração de auditores contábeis.
- **Típicas de controle**: representadas pelas contas de registro dos atos potenciais que não ensejaram registros nas contas patrimoniais, mas que potencialmente possam vir a afetar o patrimônio.

6.1.2.2. Características das contas

1. Quanto à natureza do saldo:
   - **Conta devedora** — possui saldo predominantemente devedor.
   - **Conta credora** — possui saldo predominantemente credor.
   - **Conta híbrida ou mista** — possui saldo devedor ou credor.
2. Quanto à necessidade de desdobramento:
   - **Conta sintética**: funciona como agregadora, possuindo conta em nível inferior.
   - **Conta analítica:** recebe escrituração, não possuindo conta em nível inferior.
3. Quanto à natureza das informações:
   - **Patrimoniais:** classes 1, 2, 3 e 4.
   - **Orçamentárias:** classes 5 e 6.
   - **De controle:** classes 7 e 8.

6.1.3. Estrutura e peculiaridades

O PCASP visa atender às necessidades dos entes da federação e dos demais usuários da informação contábil. Para tanto, deve sempre estar em conformidade com os princípios da administração pública e as normas legais de contabilidade e finanças públicas.

Para a geração das demonstrações contábeis aplicadas ao setor público e dos demonstrativos exigidos pela Lei de Responsabilidade Fiscal (Lei Complementar n.º 101/2000), os sistemas de contabilidade utilizam-se da estrutura primária do PCASP. Por sua vez, esta contempla a relação de contas contábeis com suas funções, funcionamentos e atributos, lançamentos-padrão, nomenclatura e explicações gerais de uso.

Segundo o *Manual de Contabilidade Aplicada ao Setor Público* (MCASP), o plano de contas aplicado ao setor público está estruturado por níveis de desdobramento, sendo estes classificados e codificados como segue:

X . X . X . X . X . XX . XX

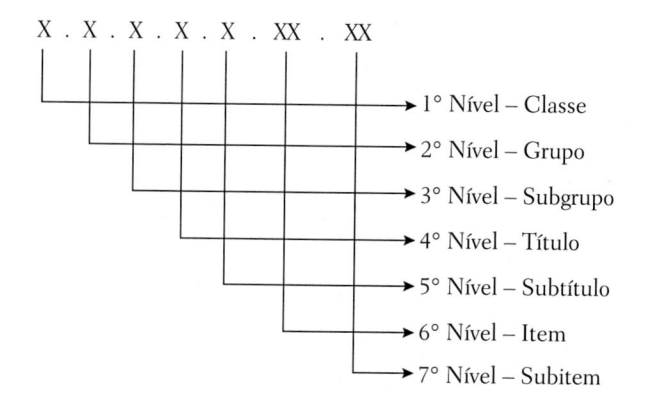

- 1° Nível – Classe
- 2° Nível – Grupo
- 3° Nível – Subgrupo
- 4° Nível – Título
- 5° Nível – Subtítulo
- 6° Nível – Item
- 7° Nível – Subitem

As classes apresentam a seguinte estrutura:
1. Ativo.
2. Passivo e patrimônio líquido.
3. Variações patrimoniais diminutivas.
4. Variações patrimoniais aumentativas.
5. Controles da aprovação do planejamento e orçamento.
6. Controles da execução do planejamento e orçamento.
7. Controles devedores.
8. Controles credores.

6.1.3.1. Contas patrimoniais

São as contas responsáveis pelo registro dos bens, direitos, obrigações e patrimônio liquido das entidades, e estão estruturadas conforme a seguir:

1 Ativo
    1.1 Ativo circulante
        1.1.1 Caixa e equivalentes de caixa
        1.1.2 Créditos de curto prazo
        1.1.3 Demais créditos e valores a curto prazo
        1.1.4 Investimentos e aplicações temporárias a curto prazo
        1.1.5 Estoques
        1.1.9 Variações patrimoniais diminutivas pagas antecipadamente

1.2 Ativo não circulante
    1.2.1 Ativo realizável a longo prazo
    1.2.2 Investimentos
    1.2.3 Imobilizado
    1.2.4 Intangível

2 Passivo

2.1 Passivo circulante
    2.1.1 Obrigações trabalhistas, previdenciárias e assistenciais a pagar a curto prazo
    2.1.2 Empréstimos e financiamentos a curto prazo
    2.1.3 Fornecedores e contas a pagar a curto prazo
    2.1.4 Obrigações fiscais a curto prazo
    2.1.5 Obrigações de repartição a outros entes
    2.1.7 Provisões de curto prazo
    2.1.8 Demais obrigações a curto prazo

2.2 Passivo não circulante
    2.2.1 Obrigações trabalhistas, previdenciárias e assistenciais a pagar a longo prazo
    2.2.2 Empréstimos e financiamentos a longo prazo
    2.2.3 Fornecedores a longo prazo
    2.2.4 Obrigações fiscais a longo prazo
    2.2.7 Provisões a longo prazo
    2.2.8 Demais obrigações a longo prazo
    2.2.9 Resultado diferido

2.3 Patrimônio líquido
    2.3.1 Patrimônio social e capital social
    2.3.2 Adiantamento para futuro aumento de capital
    2.3.3 Reservas de capital
    2.3.4 Ajustes de avaliação patrimonial
    2.3.5 Reservas de lucros
    2.3.6 Demais reservas
    2.3.7 Resultados acumulados
    2.3.9 (−) Ações/cotas em tesouraria

6.1.3.2. Contas de resultado

São as contas responsáveis pelo registro das variações aumentativas ou diminutivas da situação líquida patrimonial, devendo ao final do exercício ou período apresentar o resultado patrimonial:

3 Variações patrimoniais diminutivas

- 3.1 Pessoal e encargos
    - 3.1.1 Remuneração a pessoal
    - 3.1.2 Encargos patronais
    - 3.1.3 Benefícios a pessoal
    - 3.1.8 Custo de pessoal e encargos
    - 3.1.9 Outras VPD — pessoal e encargos
- 3.2 Benefícios previdenciários e assistenciais
    - 3.2.1 Aposentadorias e reformas
    - 3.2.2 Pensões
    - 3.2.3 Benefícios de prestação continuada
    - 3.2.4 Benefícios eventuais
    - 3.2.5 Políticas públicas de transferência de renda
    - 3.2.9 Outros benefícios previdenciários e assistenciais
- 3.3 Uso de bens, serviços e consumo de capital fixo
    - 3.3.1 Uso de material de consumo
    - 3.3.2 Serviços
    - 3.3.3 Depreciação, amortização e exaustão
    - 3.3.8 Custo de materiais, serviços e consumo de capital fixo
- 3.4 Variações patrimoniais diminutivas financeiras
    - 3.4.1 Juros e encargos de empréstimos e financiamentos obtidos
    - 3.4.2 Juros e encargos de mora
    - 3.4.3 Variações monetárias e cambiais
    - 3.4.4 Descontos financeiros concedidos
    - 3.4.9 Outras variações patrimoniais diminutivas financeiras
- 3.5 Transferências concedidas
    - 3.5.1 Transferências intragovernamentais
    - 3.5.2 Transferências intergovernamentais
    - 3.5.3 Transferências a instituições privadas
    - 3.5.4 Transferências a instituições multigovernamentais

3.5.5 Transferências a consórcios públicos
3.5.6 Transferências ao exterior

3.6 Desvalorização e perda de ativos
3.6.1 Redução ao valor recuperável e ajuste para perdas
3.6.2 Perdas com alienação
3.6.3 Perdas involuntárias

3.7 Tributárias
3.7.1 Impostos, taxas e contribuições de melhoria
3.7.2 Contribuições
3.7.8 Custo com tributos

3.9 Outras variações patrimoniais diminutivas
3.9.1 Premiações
3.9.2 Resultado negativo de participações
3.9.3 VPDs de instituições financeiras
3.9.4 Incentivos
3.9.5 Subvenções econômicas
3.9.6 Participações e contribuições
3.9.8 Custo de outras VPDs
3.9.9 Diversas variações patrimoniais diminutivas

4 Variações patrimoniais aumentativas

4.1 Impostos, taxas e contribuições de melhoria
4.1.1 Impostos
4.1.2 Taxas
4.1.3 Contribuições de melhoria

4.2 Contribuições
4.2.1 Contribuições sociais
4.2.2 Contribuições de intervenção no domínio econômico
4.2.3 Contribuição de iluminação pública
4.2.4 Contribuição de interesse das categorias profissionais

4.3 Exploração e venda de bens, serviços e direitos
4.3.1 Venda de mercadorias
4.3.2 Venda de produtos
4.3.3 Exploração de bens e direitos e prestação de serviços

4.4 Variações patrimoniais aumentativas financeiras
    4.4.1 Juros e encargos de empréstimos e financiamentos concedidos
    4.4.2 Juros e encargos de mora
    4.4.3 Variações monetárias e cambiais
    4.4.4 Descontos financeiros obtidos
    4.4.5 Remuneração de depósitos bancários e aplicações financeiras
    4.4.9 Outras variações patrimoniais aumentativas financeiras

4.5 Transferências recebidas
    4.5.1 Transferências intragovernamentais
    4.5.2 Transferências intergovernamentais
    4.5.3 Transferências das instituições privadas
    4.5.4 Transferências das instituições multigovernamentais
    4.5.5 Transferências de consórcios públicos
    4.5.6 Transferências do exterior
    4.5.7 Transferências de pessoas físicas

4.6 Valorização com ganhos de ativos
    4.6.1 Reavaliação de ativos
    4.6.2 Ganhos com alienação
    4.6.3 Ganhos com incorporação de ativos

4.9 Outras variações patrimoniais aumentativas
    4.9.1 Variação patrimonial aumentativa a classificar
    4.9.2 Resultado positivo de participações
    4.9.9 Diversas variações patrimoniais aumentativas

6.1.3.3. Contas de controle orçamentário

São as contas responsáveis pelo registro do planejamento e da execução orçamentária:

5 Controles da aprovação do planejamento e orçamento
    5.1 Planejamento aprovado
        5.1.1 PPA aprovado
        5.1.2 Projeto de lei orçamentária

    5.2 Orçamento aprovado
        5.2.1 Previsão da receita
        5.2.2 Fixação da despesa

5.3 Inscrição de restos a pagar
    5.3.1 Inscrição de restos a pagar não processados
    5.3.2 Inscrição de restos a pagar processados

6 **Controles da execução do planejamento e orçamento**
  6.1 Execução do planejamento
    6.1.1 Execução do PPA
    6.1.2 Processo de aprovação do projeto de lei orçamentária

  6.2 Execução do orçamento
    6.2.1 Execução da receita
    6.2.2 Execução da despesa

  6.3 Execução de restos a pagar
    6.3.1 Execução de restos a pagar não processados
    6.3.2 Execução de restos a pagar processados

6.1.3.4. Contas típicas de controle

São as responsáveis pelo registro dos fenômenos que não alteram inicialmente o patrimônio, mas que podem vir a alterá-lo, além de manter o controle de atos de gestão importantes para o acompanhamento da gestão, além da apuração de custos na administração pública:

7 **Controles devedores**
  7.1 Atos potenciais
    7.1.1 Atos potenciais ativos
    7.1.2 Atos potenciais passivos

  7.2 Administração financeira
    7.2.1 Disponibilidades por destinação
    7.2.2 Programação financeira
    7.2.3 Inscrição no limite orçamentário
    7.2.4 Controles da arrecadação

  7.3 Dívida ativa
    7.3.1 Controle do encaminhamento de créditos para inscrição em dívida ativa
    7.3.2 Controle da inscrição de créditos em dívida ativa

7.4 Riscos fiscais
   7.4.1 Controle de passivos contingentes
   7.4.2 Controle dos demais riscos fiscais
7.8 Custos
7.9 Outros controles

8 Controles credores

8.1 Execução dos atos potenciais
   8.1.1 Execução dos atos potenciais ativos
   8.1.2 Execução dos atos potenciais passivos
8.2 Execução da administração financeira
   8.2.1 Execução das disponibilidades por destinação
   8.2.2 Execução da programação financeira
   8.2.3 Execução do limite orçamentário
   8.2.4 Controles da arrecadação
8.3 Execução da dívida ativa
   .3.1 Execução do encaminhamento de créditos para inscrição em dívida ativa
   8.3.2 Execução da inscrição de créditos em dívida ativa
8.4 Execução de riscos fiscais
   8.4.1 Execução de passivos contingentes
   8.4.2 Execução dos demais riscos fiscais
8.8 Apuração de custos
8.9 Outros controles

6.2. REGISTRO CONTÁBIL

A NBC T 16.5 expõe claramente as definições gerais e conceitos sobre os registros contábeis e suas formalidades, destacando, ainda, o conceito de documento de suporte, definindo-o como "qualquer documento hábil, físico ou eletrônico que comprove a transação na entidade do setor público, utilizado para sustentação ou comprovação do registro contábil".

Quanto à formalidade do registro contábil, a NBC T 16.5 define que a entidade do setor público deve manter procedimentos uniformes de registros contábeis por meio de processo manual, mecanizado ou eletrônico, em rigorosa ordem cronológica, como suporte às informações.

6.2.1. Características das informações contábeis

Conforme o Manual de Contabilidade Aplicada ao Setor Público, as características do registro e da informação contábil no setor público são apresentadas a seguir, devendo observância aos princípios e às Normas Brasileiras de Contabilidade Técnicas Aplicadas ao Setor Público.

- **Comparabilidade** — os registros e as informações contábeis devem possibilitar a análise da situação patrimonial de entidades do setor público ao longo do tempo e estaticamente, bem como a identificação de semelhanças e diferenças dessa situação patrimonial com a de outras entidades.
- **Compreensibilidade** — as informações apresentadas nas demonstrações contábeis devem ser entendidas pelos usuários. Para esse fim, presume-se que estes já tenham conhecimento do ambiente de atuação das entidades do setor público. Todavia, as informações relevantes sobre temas complexos não devem ser excluídas das demonstrações contábeis, mesmo sob o pretexto de que são de difícil compreensão pelos usuários.
- **Confiabilidade** — o registro e a informação contábil devem reunir requisitos de verdade e de validade que possibilitem segurança e credibilidade aos usuários no processo de tomada de decisão.
- **Fidedignidade** — os registros contábeis realizados e as informações apresentadas devem representar fielmente o fenômeno contábil que lhes deu origem.
- **Imparcialidade** — os registros contábeis devem ser realizados e as informações devem ser apresentadas de modo a não

privilegiar interesses específicos e particulares de agentes e/ou entidades.

- **Integridade** — os registros contábeis e as informações apresentadas devem reconhecer os fenômenos patrimoniais em sua totalidade, não podendo ser omitidas quaisquer partes do fato gerador.
- **Objetividade** — o registro deve representar a realidade dos fenômenos patrimoniais em função de critérios técnicos contábeis preestabelecidos em normas ou com base em procedimentos adequados, sem que incidam preferências individuais que provoquem distorções na informação produzida.
- **Representatividade** — os registros contábeis e as informações apresentadas devem conter todos os aspectos relevantes.
- **Tempestividade** — os fenômenos patrimoniais devem ser registrados no momento de sua ocorrência e divulgados em tempo hábil para os usuários.
- **Uniformidade** — os registros contábeis e as informações devem observar critérios padronizados e contínuos de identificação, classificação, mensuração, avaliação e evidenciação, de modo que fiquem compatíveis, mesmo que geradas por diferentes entidades. Esse atributo permite a interpretação e a análise das informações, levando-se em consideração a possibilidade de se comparar a situação econômico-financeira de uma entidade do setor público em distintas épocas de sua atividade.
- **Utilidade** — os registros contábeis e as informações apresentadas devem atender às necessidades específicas dos diversos usuários.
- **Verificabilidade** — os registros contábeis realizados e as informações apresentadas devem possibilitar o reconhecimento das suas respectivas validades.
- **Visibilidade** — os registros e as informações contábeis devem ser disponibilizadas para a sociedade e expressar, com transpa-

rência, o resultado da gestão e a situação patrimonial da entidade do setor público.

6.2.2. Requisitos para o registro contábil

Em conformidade com as NBC T SP, o registro contábil somente deve ser efetuado com o atendimento dos requisitos a seguir:
- Em idioma e moeda corrente nacionais, em livros ou meios eletrônicos que permitam a identificação e o seu arquivamento de forma segura.
- Quando se tratar de transação em moeda estrangeira, esta, além do registro na moeda de origem, deve ser convertida em moeda nacional, aplicando a taxa de câmbio oficial e vigente na data da transação.
- O livro diário e o livro-razão constituem fontes de informações contábeis permanentes e neles são registradas as transações que afetem ou possam vir a afetar a situação patrimonial.
- O livro diário e o livro-razão devem ficar à disposição dos usuários e dos órgãos de controle, na unidade contábil, no prazo estabelecido em legislação específica.
- Os registros contábeis devem ser efetuados de forma analítica, refletindo a transação constante em documento hábil, em consonância com os princípios fundamentais de contabilidade.
- Os registros contábeis devem ser validados por contabilistas, com base em documentação hábil e em conformidade às normas e às técnicas contábeis.
- Os registros extemporâneos devem consignar, nos seus históricos, as datas efetivas das ocorrências e a razão do atraso.
- O registro dos bens, direitos e obrigações deve possibilitar a indicação dos elementos necessários à sua perfeita caracterização e identificação.
- Os atos da administração com potencial de modificar o patrimônio da entidade devem ser registrados nas contas de compensação.

6.2.3. Elementos essenciais do registro contábil

São elementos essenciais do registro contábil:
- A data da ocorrência da transação.
- A conta debitada.
- A conta creditada.
- O histórico da transação de forma descritiva ou por meio do uso de código de histórico padronizado, quando se tratar de escrituração eletrônica, baseado em tabela auxiliar inclusa em plano de contas.
- O valor da transação.
- O número de controle para identificar os registros eletrônicos que integram um mesmo lançamento contábil.
- O registro dos bens, direitos e obrigações deve possibilitar a indicação dos elementos necessários à sua perfeita caracterização e identificação.
- Os atos da administração com potencial de modificar o patrimônio da entidade devem ser registrados nas contas de compensação.

6.2.4. Lançamentos contábeis típicos do setor público

No volume IV (PCASP) do MCASP, os lançamentos são apresentados de forma simplificada e exemplificativa, apresentando as contas debitadas e creditadas com seus respectivos títulos e códigos. Os valores são arbitrários e servem para melhor compreensão dos lançamentos.

Para evitar excessiva pormenorização e para manter o caráter didático dos lançamentos padronizados, algumas contas não são apresentadas até o nível do PCASP padronizado para a federação. Nos casos em que a conta for apresentada até um nível além do padronizado para a federação, faz-se uso do PCASP adaptado à União. Dessa forma, alguns lançamentos possuem contas apresentadas até o sétimo nível, e outros, até o segundo.

Os lançamentos já se encontram representados por seus respectivos LCPs e seu conjunto pelo respectivo CLP. As tabelas de CLP e LCP referenciadas apresentam-se no volume de anexos do *Manual*, mais especificamente nos anexos XI e XII.

Nos casos em que contas com títulos diferentes apresentem aparente igualdade de códigos, deve-se entender que as contas estão apresentadas apenas até o nível identificado como necessário à compreensão do lançamento. Os níveis representados pela letra "x" representam o detalhamento, que será feito por meio do uso do PCASP e por cada um dos entes, a partir do nível padronizado, para atender suas necessidades específicas.

Veja a seguir os principais lançamentos contábeis, de acordo com o Manual de Contabilidade Aplicada ao Setor Público válido para o exercício de 2012.

04.07.06.11 PREVISÃO DA RECEITA ORÇAMENTÁRIA

Código da Conta	Título da Conta	Valor (R$)
D 5.2.1.1.x.xx.xx	Previsão inicial da receita	1.200.000
C 6.2.1.1.x.xx.xx	Receita a realizar	1.200.000

Código do LCP: 56.003.N
Código do CLP para Receita Orçamentária – Previsão: ODF.01

04.07.06.02 FIXAÇÃO DA DESPESA ORÇAMENTÁRIA

Código da Conta	Título da Conta	Valor (R$)
D 5.2.2.1.x.xx.xx	Dotação inicial	1.200.000
C 6.2.2.1.1.xx.xx	Crédito disponível	1.200.000

Código do LCP: 56.004.N
Código do CLP para Despesa Orçamentária – Fixação: ODF.01

04.07.06.03 RECONHECIMENTO DO CRÉDITO TRIBUTÁRIO

Código da Conta	Título da Conta	Valor (R$)
D 1.1.2.2.x.xx.xx	Créditos tributários a receber (P)	1.000.000
C 4.1.x.x.x.xx.xx	Impostos, taxas e contribuições de melhoria	1.000.000

Código do LCP: 14.001.N ou 14.002.N ou 14.003.N (a determinação precisa requer maior informação sobre o tributo em questão)
Código do CLP para Reconhecimento do Crédito: PAM.01

04.07.06.04 ARRECADAÇÃO DE TRIBUTOS APÓS O RECONHECIMENTO DO FATO GERADOR

Código da Conta	Título da Conta	Valor (R$)
D 1.1.1.1.x.xx.xx	Caixa e equivalentes de caixa em moeda nacional (F)	900.000
C 1.1.2.2.x.xx.xx	Créditos tributários a receber (P)	900.000

Código do LCP: 11.001.N

Código da Conta	Título da Conta	Valor (R$)
D 6.2.1.1.x.xx.xx	Receita a realizar	900.000
C 6.2.1.2.x.xx.xx	Receita realizada	900.000

Código do LCP: 66.003.N

Código da Conta	Título da Conta	Valor (R$)
D 7.2.1.1.x.xx.xx	Controle da disponibilidade de recursos	900.000
C 8.2.1.1.x.xx.xx	Disponibilidade por destinção de reursos	900.000

Código do LCP: 78.003.N
Código do CLP para Receita Orçamentária – Arrecadação via Tributos: ORA.01

04.07.06.05 OPERAÇÃO DE CRÉDITO

Código da Conta	Título da Conta	Valor (R$)
D 1.1.1.1.x.xx.xx	Caixa e equivalentes de caixa em moeda nacional (F)	200.000
C 2.1.2.x.x.xx.xx	Empréstimos e financiamento a curto prazo (P)	200.000

Código do LCP: 12.001.N

Código da Conta	Título da Conta	Valor (R$)
D 6.2.1.1.x.xx.xx	Receita a realizar	200.000
C 6.2.1.2.x.xx.xx	Receita realizada	200.000

Código do LCP: 66.003.N

Código da Conta	Título da Conta	Valor (R$)
D 7.2.1.1.x.xx.xx	Controle da disponibilidade de recursos	200.000
C 8.2.1.1.1.xx.xx	Disponibilidade por destinção de reursos	200.000

Código do LCP: 78.003.N
Código do CLP para Receita Orçamentária – Arrecadação via Operação de Crédito: ORA.02

04.07.06.06 ALIENAÇÃO DE VEÍCULOS (À VISTA)

Código da Conta	Título da Conta	Valor (R$)
D 1.1.1.1.x.xx.xx	Caixa e equivalentes de caixa em moeda nacional (F)	300.000
C 1.2.3.1.x.xx.xx	Bens móveis (P)	300.000

Código do LCP: 11.002.N

Código da Conta	Título da Conta	Valor (R$)
D 6.2.1.1.x.xx.xx	Receita a realizar	300.000
C 6.2.1.2.x.xx.xx	Receita realizada	300.000

Código do LCP: 66.003.N

Código da Conta	Título da Conta	Valor (R$)
D 7.2.1.1.x.xx.xx	Controle da disponibilidade de recursos	300.000
C 8.2.1.1.1.xx.xx	Disponibilidade por destinção de reursos	300.000

Código do LCP: 78.003.N
Código do CLP para Receita Orçamentária – Arrecadação via Alimentação de Bens: ORA.03

04.07.06.07 MOVIMENTAÇÃO DE CRÉDITOS

Na unidade concedente dos créditos:

Código da Conta	Título da Conta	Valor (R$)
D 6.2.2.1.1.xx.xx	Crédito disponível	400.000
C 6.2.2.2.x.xx.xx	Movimentação de créditos concedidos	400.000

Código do LCP: 66.004.N
Código do CLP para Movimentação de Créditos (Concedente): ODM.01

Na unidade beneficiada:

Código da Conta	Título da Conta	Valor (R$)
D 5.2.2.2.x.xx.xx	Movimentação de créditos recebidos	400.000
C 6.2.2.1.1.xx.xx	Crédito disponível	400.000

Código do LCP: 56.005.N
Código do CLP para Movimentação de Créditos (Beneficiados): ODM.02

04.07.06.08 CONTRATAÇÃO DE SERVIÇOS

1) Registro de contrato de serviços

Código da Conta	Título da Conta	Valor (R$)
D 7.1.2.3.x.xx.xx	Obrigações contratuais	120.000
C 8.1.2.3.x.xx.xx	Execução de obrigações contratuais	120.000

Código do LCP: 78.002.N
Código do CLP para Contratos Passivos – Registro de Serviços: CAP.01

Empenho da despesa de serviços

Código da Conta	Título da Conta	Valor (R$)
D 6.2.2.2.1.xx.xx	Crédito disponível	120.000
C 6.2.2.1.3.01.xx	Crédito empenhado a liquidar	120.000

Código do LCP: 66.005.N

Código da Conta	Título da Conta	Valor (R$)
D 8.2.1.1.1.xx.xx	Disponibilidade por destinação de recursos	120.000
C 8.2.1.1.2.xx.xx	Disponibilidade por destinação de recursos comprometida por empenho	120.000

Código do LCP: 88.003.N
Código do CLP para Execução da Despesa – Empenho: ODE.01

2) Liquidação da despesa de serviços e entrega da nota fiscal

Código da Conta	Título da Conta	Valor (R$)
D 3.3.2.x.x.xx.xx	Serviços	10.000
C 2.1.3.1.x.xx.xx	Fornecedores e contas a pagar nacionais a curto prazo (F)	10.000

Código do LCP: 32.029.N

Código da Conta	Título da Conta	Valor (R$)
D 8.1.2.3.x.xx.xx	Execução de obrigações contratuais	10.000
C 8.1.2.3.1.02.02	Execução de obrigações contratuais – executados	10.000

Código do LCP: 88.002.N

04.07.06.08 CONTRATAÇÃO DE SERVIÇOS

Código da Conta	Título da Conta	Valor (R$)
D 6.2.2.1.3.01.xx	Créditos empenhado a liquidar	10.000
C 6.2.2.1.3.03.xx	Créditos empenhado a liquidar a pagar	10.000

Código do LCP: 66.006.N

Código da Conta	Título da Conta	Valor (R$)
D 8.2.1.1.2.xx.xx	Disponibilidade por destinação de recursos comprometida por empenho	10.000
C 8.2.1.1.3.xx.xx	Disponibilidade por destinação de recursos comprometida por liquidação e entradas comprometidas	10.000

Código do LCP: 88.003.N
Código do CLP para Execução da Despesa – Liquidação: ODE.04

3) Pagamento da despesa de serviços

Código da Conta	Título da Conta	Valor (R$)
D 2.1.3.1.x.xx.xx	Fornrcedores e contas a pagar nacionais a curto prazo (F)	10.000
C 1.1.1.1.x.xx.xx	Caixa e equivalentes de caixa em moeda nacional (F)	10.000

Código do LCP: 21.009.N

Código da Conta	Título da Conta	Valor (R$)
D 6.2.2.1.3.03.xx	Crédito empenhado liquidado a pagar	10.000
C 6.2.2.1.3.04.xx	Crédito empenhado pago	10.000

Código do LCP: 66.006.N

Código da Conta	Título da Conta	Valor (R$)
D 8.2.1.1.3.xx.xx	Disponibilidade por destinação de recursos comprometida por liquidação e entradas compensatórias	10.000
C 8.2.1.1.4.xx.xx	Disponibilidade por destinação de recursos utilizada	10.000

Código do LCP: 88.003.N
Código do CLP para Execução da Despesa – Pagamento: ODE.08

04.07.06.09 PASSIVO SEM SUPORTE ORÇAMENTÁRIO

1) Reconhecimento do Passivo

Código da Conta	Título da Conta	Valor (R$)
D 3.1.1.x.x.xx.xx	Remuneração a pessoal	350.000
C 2.1.1.x.x.xx.xx	Pessoal a pagar (P)	350.000

Código do LCP: 32.001.N
Código do CLP para Passivo Sem Suporte Orçamentário: PDM.01

2) Empenho do passivo sem suporte orçamentário

Código da Conta	Título da Conta	Valor (R$)
D 6.2.2.1.1.xx.xx	Crédito disponível	350.000
C 6.2.2.1.3.01.xx	Crédito empenhado a liquidar	350.000

Código do LCP: 66.005.N

Código da Conta	Título da Conta	Valor (R$)
D 6.2.2.1.3.01.xx	Crédito empenhado a liquidar	350.000
C 6.2.2.1.3.02.xx	Crédito empenhado em liquidação	350.000

Código do LCP: 66.007.N

Código da Conta	Título da Conta	Valor (R$)
D 2.1.1.x.x.xx.xx	Pessoal a pagar (P)	350.000
C 2.1.1.x.x.xx.xx	Pessoal a pagar (F)	350.000

Código do LCP: 22.021.N

Código da Conta	Título da Conta	Valor (R$)
D 8.2.1.1.1.xx.xx	Disponibilidade por destinação de recursos	350.000
C 8.2.1.1.2.xx.xx	Disponibilidade por destinação de recursos ncomprometida por empenho	350.000

Código do LCP: 88.003.N
Código do CPL para Execução da Despesa – Empenho: ODE.02

3) Liquidação

Código da Conta	Título da Conta	Valor (R$)
D 6.2.2.1.3.02.xx	Créditos empenhado em liquidação	350.000
C 6.2.2.1.3.03.xx	Créditos empenhado liquidado a pagar	350.000

Código do LCP: 66.008.N

04.07.06.09 PASSIVO SEM SUPORTE ORÇAMENTÁRIO

Código da Conta	Título da Conta	Valor (R$)
D 8.2.1.1.2.xx.xx	Disponibilidade por destinação de recursos comprometida por empenho	350.000
C 8.2.1.1.3.xx.xx	Disponibilidade por destinação de recursos comprometida por liquidação e entradas comprometidas	350.000

Código do LCP: 88.003.N
Código do CLP para Execução da Despesa – Liquidação: ODE.05

4) Pagamento

Código da Conta	Título da Conta	Valor (R$)
D 2.1.1.x.x.xx.xx	Pessoal a pagar (F)	350.000
C 1.1.1.1.x.xx.xx	Caixa e equivalentes de caixa em moeda nacional (F)	350.000

Código do LCP: 21.001.N

Código da Conta	Título da Conta	Valor (R$)
D 6.2.2.1.3.03.xx	Crédito empenhado liquidado a pagar	350.000
C 6.2.2.1.3.04.xx	Crédito empenhado pago	350.000

Código do LCP: 66.009.N

Código da Conta	Título da Conta	Valor (R$)
D 8.2.1.1.3.xx.xx	Disponibilidade por destinação de recursos comprometida por liquidação e entradas compensatórias	350.000
C 8.2.1.1.4.xx.xx	Disponibilidade por destinação de recursos utilizada	350.000

Código do LCP: 88.003.N
Código do CLP para Execução da Despesa – Pagamento: ODE.09

04.07.06.10 AQUISIÇÃO E CONSUMO DE MATERIAL

1) Empenho da despesa de material de consumo

Código da Conta	Título da Conta	Valor (R$)
D 6.2.2.1.1.xx.xx	Crédito disponível	250.000
C 6.2.2.1.3.01.xx	Crédito empenhado a liquidar	250.000

Código do LCP: 66.005.N

04.07.06.09 PASSIVO SEM SUPORTE ORÇAMENTÁRIO

Código da Conta	Título da Conta	Valor (R$)
D 8.2.1.1.1.xx.xx	Disponibilidade por destinação de recursos	250.000
C 8.2.1.1.2.xx.xx	Disponibilidade por destinação de recursos comprometida por empenho	250.000

Código do LCP: 88.003.N
Código do CPL para Execução da Despesa – Empenho: ODE.01

2) Entrega da Nota Fiscal e Liquidação

Código da Conta	Título da Conta	Valor (R$)
D 1.1.3.6.x.xx.xx	Almoxarifado (P)	150.000
C 2.1.3.1.x.xx.xx	Fornecedores e contas a pagar nacionais a curto prazo (F)	150.000

Código do LCP: 12.039.N

Código da Conta	Título da Conta	Valor (R$)
D 6.2.2.1.3.01.xx	Créditos empenhado em liquidação	150.000
C 6.2.2.1.3.03.xx	Créditos empenhado liquidado a pagar	150.000

Código do LCP: 66.006.N

Código da Conta	Título da Conta	Valor (R$)
D 8.2.1.1.2.xx.xx	Disponibilidade por destinação de recursos comprometida por empenho	150.000
C 8.2.1.1.3.xx.xx	Disponibilidade por destinação de recursos comprometida por liquidação e entradas comprometidas	150.000

Código do LCP: 88.003.N
Código do CLP para Execução da Despesa – Liquidação: ODE.06

3) Pagamento

Código da Conta	Título da Conta	Valor (R$)
D 2.1.3.1.x.xx.xx	Fornecedores e contas a pagar nacionais a curto prazo (F)	110.000
C 1.1.1.1.x.xx.xx	Caixa e equivalentes de caixa em moeda nacional (F)	110.000

Código do LCP: 21.009.N

04.07.06.09 PASSIVO SEM SUPORTE ORÇAMENTÁRIO

Código da Conta	Título da Conta	Valor (R$)
D 6.2.2.1.3.03.xx	Crédito empenhado liquidado a pagar	110.000
C 6.2.2.1.3.04.xx	Crédito empenhado pago	110.000

Código do LCP: 66.009.N

Código da Conta	Título da Conta	Valor (R$)
D 8.2.1.1.3.xx.xx	Disponibilidade por destinação de recursos comprometida por liquidação e entradas compensatórias	110.000
C 8.2.1.1.4.xx.xx	Disponibilidade por destinação de recursos utilizada	110.000

Código do LCP: 88.003.N
Código do CLP para Execução da Despesa – Pagamento: ODE.08

4) Distribuição do material de consumo

Código da Conta	Título da Conta	Valor (R$)
D 3.3.1.1.x.xx.xx	Consumo de material	30.000
C 1.1.3.6.x.xx.xx	Almoxarifado (P)	30.000

Código do LCP: 31.049.N
Código do CLP para VPD – Consumo: PDM.02

04.07.06.11 AQUISIÇÃO DE VEÍCULOS

1) Empenho da despesa de material de consumo

Código da Conta	Título da Conta	Valor (R$)
D 6.2.2.1.1.xx.xx	Crédito disponível	180.000
C 6.2.2.1.3.01.xx	Crédito empenhado a liquidar	180.000

Código do LCP: 66.005.N

Código da Conta	Título da Conta	Valor (R$)
D 8.2.1.1.1.xx.xx	Disponibilidade por destinação de recursos	180.000
C 8.2.1.1.2.xx.xx	Disponibilidade por destinação de recursos comprometida por empenho	180.000

Código do LCP: 88.003.N
Código do CPL para Execução da Despesa – Empenho: ODE.01

04.07.06.11 AQUISIÇÃO DE VEÍCULOS

2) Recebimento da nota fiscal de despesa de aquisição com veículos sem conferência

Código da Conta	Título da Conta	Valor (R$)
D 1.2.3.x.x.xx.xx	Bens móveis (P)	180.000
C 2.1.3.1.x.xx.xx	Fornecedores e contas a pagar nacionais a curto prazo (F)	180.000

Código do LCP: 12.066.N

Código da Conta	Título da Conta	Valor (R$)
D 6.2.2.1.3.01.xx	Créditos empenhado a liquidar	180.000
C 6.2.2.1.3.02.xx	Créditos empenhado em liquidação	180.000

Código do LCP: 66.007.N
Código do CLP para Execução da Despesa – Em Liquidação: ODE.03

3) Deprecição do veículo (1 mês)

Código da Conta	Título da Conta	Valor (R$)
D 3.3.3.x.x.xx.xx	Depreciasão	3.000
C 1.2.3.8.x.xx.xx	(–) Depreciação acumulada	3.000

Código do LCP: 31.055.N
Código do CLP para VPD – Depreciação: PDM.03

04.07.06.12 CONVÊNIOS

1) Assinatura de convênio

Código da Conta	Título da Conta	Valor (R$)
D 7.1.2.2.x.xx.xx	Obrigações conveniadas e outros instrumentos congêneres	310.000
C 8.1.2.2.1.01.01	Convênios e outros instrumentos congêneres a liberar	310.000

Código do LCP: 78.003.N
Código do CLP para Contratos Passivos – Registro de Convênios: CAP.02

2) Empenho do convênio

Código da Conta	Título da Conta	Valor (R$)
D 6.2.2.1.1.xx.xx	Crédito disponível	310.000
C 6.2.2.1.3.01.xx	Crédito empenhado a liquidar	310.000

Código do LCP: 66.005.N

04.07.06.12 CONVÊNIOS

Código da Conta	Título da Conta	Valor (R$)
D 8.2.1.1.1.xx.xx	Disponibilidade por destinação de recursos	310.000
C 8.2.1.1.2.xx.xx	Disponibilidade por destinação de recursos comprometida por empenho	310.000

Código do LCP: 88.003.N
Código do CLP para Execução da Despesa – Empenho: ODE.01

3) Documento comprobatório e liquidação do convênio

Código da Conta	Título da Conta	Valor (R$)
D 1.1.3.x.x.xx.xx	Demais créditos e valores a curto prazo (P)	310.000
C 2.1.3.x.x.xx.xx	Fornecedores e contas a pagar nacionais a curto prazo (F)	310.000

Código do LCP: 21.027.N

Código da Conta	Título da Conta	Valor (R$)
D 6.2.2.1.3.01.xx	Crédito empenhado a liquidar	310.000
C 6.2.2.1.3.03.xx	Crédito empenhado liquidado a pagar	310.000

Código do LCP: 66.006.N

Código da Conta	Título da Conta	Valor (R$)
D 8.2.1.1.2.xx.xx	Disponibilidade por destinação de recursos comprometida por empenho	310.000
C 8.2.1.1.3.xx.xx	Disponibilidade por destinação de recursos comprometida por liquidação e entradas compensatórias	310.000

Código do LCP: 88.003.N
Código do CLP para Execução da Despesa – Liquidação: ODE.07

4) Pagamento do convênio

Código da Conta	Título da Conta	Valor (R$)
D 6.2.2.1.3.03.xx	Crédito empenhado liquidado a pagar	310.000
C 6.2.2.1.3.04.xx	Crédito empenhado pago	310.000

Código do LCP: 66.009.N

04.07.06.12 CONVÊNIOS

Código da Conta	Título da Conta	Valor (R$)
D 8.1.2.2.1.01.01	Convênios e outros instrumentos congêneres a liberar	310.000
C 8.1.2.2.1.01.02	Convênios e outros instrumentos congêneres a comprovar	310.000

Código do LCP: 88.002.N

Código da Conta	Título da Conta	Valor (R$)
D 2.1.3.x.x.xx.xx	Fornecedores e contas a pagar a curto prazo (F)	310.000
C 1.1.1.1.x.xx.xx	Caixa e equivalentes de caixa em moeda navional (F)	310.000

Código do LCP: 21.017.N

Código da Conta	Título da Conta	Valor (R$)
D 8.2.1.1.3.xx.xx	Disponibilidade por destinação de recursos comprometida por liquidação e entradas compensatórias	310.000
C 8.2.1.1.4.xx.xx	Disponibilidade por destinação de recursos utilizada	310.000

Código do LCP: 88.003.N
Código do CLP para Execução da Despesa – Pagamento: ODE.10

5) Prestação de contas do convênio

Código da Conta	Título da Conta	Valor (R$)
D 3.5.5.x.x.xx.xx	Transferências a consórcios públicos	310.000
C 1.1.3.x.x.xx.xx	Demais créditos e valores a curto prazo (P)	310.000

Código do LCP: 31.099.N

Código da Conta	Título da Conta	Valor (R$)
D 8.1.2.2.1.01.02	Convênios e outros instrumentos congêneres a comprovar	310.000
C 8.1.2.2.1.01.03	Convênios e outros instrumentos congêneres a aprovar	310.000

Código do LCP: 88.002.N
Código do CLP para VPD – Convênios: PDM.04

04.07.06.12 CONVÊNIOS

6) Aprovação das contas do convênio

Código da Conta	Título da Conta	Valor (R$)
D 8.1.2.2.1.01.03	Convênios e outros instrumentos congêneres a aprovar	310.000
C 8.1.2.2.1.01.04	Convênios e outros instrumentos congêneres aprovados	310.000

Código do LCP: 88.002.N
Código do CLP para Contratos Passivos – Aprocação de Convênios: CAP.03

04.07.06.13 DOAÇÃO RECEBIDA DE BENS MÓVEIS

Código da Conta	Título da Conta	Valor (R$)
D 1.2.3.1.x.xx.xx	Bens móveis (P)	18.000
C 4.5.x.x.x.xx.xx	Transferências Recebidas	18.000

Código do LCP: 14.063.N
Código do CLP para VPA – Doação Recebida: PAM.02

04.07.06.14 DOAÇÃO CONCEDIDA DE BENS MÓVEIS

Código da Conta	Título da Conta	Valor (R$)
D 3.5.x.x.x.xx.xx	Transferências Concedidas	7.000
C 1.2.3.1.x.xx.xx	Bens móveis (P)	7.000

Código do LCP: 31.084.N
Código do CLP para VPD – Doação Concedida: PDM.05

04.07.06.15 DEPÓSITO DE CAUÇÃO

Código da Conta	Título da Conta	Valor (R$)
D 1.1.3.x.x.xx.xx	Depósitos restituíveis e valores vinculados (F)	8.000
C 2.1.5.8.x.xx.xx	Valores restituíveis (F)	8.000

Código do LCP: 12.027.N

Código da Conta	Título da Conta	Valor (R$)
D 7.2.1.1.x.xx.xx	Controle da disponibilidade de recursos	8.000
C 8.2.1.1.1.xx.xx	Disponibilidade por destinação de recursos	8.000

Código do LCP: 78.003.N

04.07.06.15 DEPÓSITO DE CAUÇÃO

Código da Conta	Título da Conta	Valor (R$)
D 8.2.1.1.1.xx.xx	Disponibilidade por destinação de recursos	8.000
C 8.2.1.1.3.xx.xx	Disponibilidade por destinação de recursos comprometida por liquidação e entradas compensatórias	8.000

Código do LCP: 88.003.N
Código do CLP para Permutação Patrimonial – Caução: PPM.01

04.07.06.16 DEVOLUÇÃO PARCIAL DE CAUÇÃO

Código da Conta	Título da Conta	Valor (R$)
D 2.1.5.8.x.xx.xx	Valores restituíveis (F)	6.000
C 1.1.3.x.x.xx.xx	Depósitos restituíveis e valores vinculados (F)	6.000

Código do LCP: 21.019.N

Código da Conta	Título da Conta	Valor (R$)
D 8.2.1.1.3.xx.xx	Disponibilidade por destinação de recursos comprometida por liquidação e entradas compensatórias	6.000
C 8.2.1.1.4.xx.xx	Disponibilidade por destinação de recursos utilizada	6.000

Código do LCP: 88.003.N
Código do CLP para Permutação Patrimonial – Devolução de Caução: PPM.02

04.07.06.17 DÍVIDA ATIVA

1) Inscrição da dívida ativa (responsabilidade pela inscrição e pelo crédito tributário compete ao mesmo órgão)

Código da Conta	Título da Conta	Valor (R$)
D 7.3.2.x.x.xx.xx	Controle da inscrição de créditos em dívida ativa	100.000
C 8.3.2.1.x.xx.xx	Créditos a inscrever em dívida ativa	100.000

Código do LCP: 78.008.N

04.07.06.17 DÍVIDA ATIVA

Código da Conta	Título da Conta	Valor (R$)
D 8.3.2.1.x.xx.xx	Créditos a inscrever em dívida ativa	100.000
C 8.3.2.3.x.xx.xx	Créditos inscritos em dívida ativa a receber	100.000

Código do LCP: 88.008.N
Código do CPL para Execução da Despesa – Empenho: ODE.01

Código da Conta	Título da Conta	Valor (R$)
D 1.2.1.1.1.03.xx	Dívida ativa tributária (P)	100.000
C 1.1.2.2.x.xx.xx	Créditos tributários a reeber (P)	100.000

Código do LCP: 11.001.N
Código do CLP para Dívida Ativa – Inscrição: PPM.03

2) Recebimento da dívida ativa

Código da Conta	Título da Conta	Valor (R$)
D 1.1.1.1.x.xx.xx	Caixa e equivalentes de caixa em moeda nacional (F)	90.000
C 1.1.2.3.x.xx.xx	Dívida ativa tributária (P)	90.000

Código do LCP: 11.001.N

Código da Conta	Título da Conta	Valor (R$)
D 6.2.1.1.x.xx.xx	Receita a realizar	90.000
C 6.2.1.2.x.xx.xx	Receita realizada	90.000

Código do LCP: 66.003.N

Código da Conta	Título da Conta	Valor (R$)
D 7.2.1.1.x.xx.xx	Controle da disponibilidade de reursos	90.000
C 8.2.1.1.1.xx.xx	Disponibilidade por destinação de recursos	90.000

Código do LCP: 78.003.N

Código da Conta	Título da Conta	Valor (R$)
D 8.3.2.3.x.xx.xx	Créditos inscritos em dívidas ativa a receber	90.000
C 8.3.2.4.x.xx.xx	Créditos inscritos em dívidas ativa recebidos	90.000

Código do LCP: 88.008.N
Código do CLP para Receita Orçamentária – Arrecadação via Dívida Ativa: ORA.04

04.07.06.17 DÍVIDA ATIVA

3) Cancelamento da inscrição da dívida ativa por previsão legal

Código da Conta	Título da Conta	Valor (R$)
D 8.3.2.3.x.xx.xx	Créditos inscritos em dívidas ativas a receber	10.000
C 8.3.2.5.x.xx.xx	Baixa de créditos inscritos em dívida ativa	10.000

Código do LCP: 88.008.N

Código da Conta	Título da Conta	Valor (R$)
D 3.6.x.x.x.xx.xx	Desvalorização e perda de ativos	10.000
C 1.2.1.1.1.03.xx	Dívida ativa tributária (P)	10.000

Código do LCP: 31.157.N
Código do CLP para Dívida Ativa – Cancelamento de Inscrição: PDM.06

6.3. SEGURANÇA DA DOCUMENTAÇÃO CONTÁBIL

Para a segurança e preservação da documentação contábil, as entidades do setor público devem manter sistemas eletrônicos que permitam a salvaguarda dos documentos, bem como facilitem a disponibilizção das informações.

Segundo as NBC T SP, os documentos em papel podem ser digitalizados e armazenados em meio eletrônico ou magnético, desde que assinados e autenticados, em observância à norma brasileira de contabilidade que trata da escrituração em forma eletrônica.

6.4. MENSURAÇÃO E AVALIAÇÃO

6.4.1. Reconhecimento e bases de mensuração ou avaliação aplicáveis

Segundo a NBC T 16.5, o patrimônio das entidades do setor público, o orçamento, a execução orçamentária e financeira e os atos administrativos que provoquem efeitos de caráter econômico e financeiro no patrimônio da entidade devem ser mensurados ou avaliados monetariamente e registrados pela contabilidade, observando:

- As transações no setor público devem ser reconhecidas e registradas integralmente no momento em que ocorrerem.
- Os registros da entidade, desde que estimáveis tecnicamente, devem ser efetuados, mesmo na hipótese de existir razoável certeza de sua ocorrência.
- Os registros contábeis devem ser realizados e os seus efeitos evidenciados nas demonstrações contábeis do período com os quais se relacionam, reconhecidos, portanto, pelos respectivos fatos geradores, independentemente do momento da execução orçamentária.
- Os registros contábeis das transações das entidades do setor público devem ser efetuados considerando as relações jurídicas, econômicas e patrimoniais, prevalecendo nos conflitos entre elas a essência sobre a forma.
- A entidade do setor público deve aplicar métodos de mensuração ou avaliação dos ativos e dos passivos que possibilitem o reconhecimento dos ganhos e das perdas patrimoniais.
- O reconhecimento de ajustes decorrentes de omissões e erros de registros ocorridos em anos anteriores ou de mudanças de critérios contábeis deve ser realizado à conta do patrimônio líquido e evidenciado em notas explicativas.
- Na ausência de norma contábil aplicada ao setor público, o profissional da contabilidade deve utilizar, subsidiariamente, e nesaa ordem, as normas nacionais e internacionais que tratem de temas similares, evidenciando o procedimento e os impactos em notas explicativas.

6.4.2. Depreciação, amortização e exaustão

A NBC T 16.9 expõe as definições gerais e conceitos sobre depreciação, amortização e exaustão, definidas a seguir:

- **Amortização:** redução do valor aplicado na aquisição de direitos de propriedade e quaisquer outros, inclusive ativos intangíveis, com existência ou exercício de duração limitada, ou cujo objeto sejam bens de utilização por prazo legal ou contratualmente limitado.
- **Depreciação:** redução do valor dos bens tangíveis pelo desgaste ou perda de utilidade por uso, ação da natureza ou obsolescência.
- **Exaustão:** redução do valor, decorrente da exploração dos recursos minerais, florestais e outros recursos naturais esgotáveis.

São ainda definidos pela norma:

- **Valor bruto contábil:** o valor do bem registrado na contabilidade, em determinada data, sem a dedução da correspondente depreciação, amortização ou exaustão acumulada.
- **Valor depreciável, amortizável e exaurível:** o valor original de um ativo deduzido do seu valor residual.
- **Valor líquido contábil:** o valor do bem registrado na contabilidade, em determinada data, deduzido da correspondente depreciação, amortização ou exaustão acumulada.
- **Valor residual:** o montante líquido que a entidade espera, com razoável segurança, obter por um ativo no fim de sua vida útil econômica, deduzidos os gastos esperados para sua alienação.
- **Vida útil econômica:** o período de tempo definido ou estimado tecnicamente, durante o qual se espera obter fluxos de benefícios futuros de um ativo.

É importante observar que a norma prevê ativos que não estão sujeitos ao regime de depreciação. Dentre eles estão:

- bens móveis de natureza cultural, tais como obras de arte, antiguidades, documentos, bens com interesse histórico, bens integrados em coleções, entre outros;
- bens de uso comum que absorveram ou absorvem recursos públicos, considerados tecnicamente, de vida útil indeterminada;

- animais que se destinam à exposição e à preservação;
- terrenos rurais e urbanos.

6.4.2.1. Critérios de mensuração e reconhecimento

A NBC T 16.9 estabelece critérios de mensuração e reconhecimento para o registro da depreciação, amortização e exaustão.

Segundo a norma, devem ser observados os seguintes aspectos:
- Obrigatoriedade do seu reconhecimento.
- Valor da parcela que deve ser reconhecida no resultado como decréscimo patrimonial e, no balanço patrimonial, representada em conta redutora do respectivo ativo.
- Circunstâncias que podem influenciar seu registro.
- O valor depreciado, amortizado ou exaurido, apurado mensalmente, deve ser reconhecido nas contas de resultado do exercício.
- O valor residual e a vida útil econômica de um ativo devem ser revisados, pelo menos, no final de cada exercício. Quando as expectativas diferirem das estimativas anteriores, as alterações devem ser efetuadas.
- A depreciação, a amortização e a exaustão devem ser reconhecidas até que o valor líquido contábil do ativo seja igual ao valor residual.
- A depreciação, a amortização ou a exaustão de um ativo começa quando o item estiver em condições de uso.
- A depreciação e a amortização não cessam quando o ativo se torna obsoleto ou é retirado temporariamente de operação.

Os seguintes fatores devem ser considerados ao se estimar a vida útil econômica de um ativo:
- A capacidade de geração de benefícios futuros.
- O desgaste físico decorrente de fatores operacionais ou não.
- A obsolescência tecnológica.

- Os limites legais ou contratuais sobre o uso ou a exploração do ativo.
- A vida útil econômica deve ser definida com base em parâmetros e índices admitidos em norma ou laudo técnico específico.
- Nos casos de bens reavaliados, a depreciação, a amortização ou a exaustão devem ser calculadas e registradas sobre o novo valor, considerada a vida útil econômica indicada em laudo técnico específico.

6.4.2.2. Métodos de depreciação, amortização e exaustão

Sem prejuízo da utilização de outros métodos de cálculo dos encargos de depreciação, podem ser adotados:
- o método das quotas constantes;
- o método das somas dos dígitos;
- o método das unidades produzidas.

6.4.2.2.1. Método das quotas constantes ou em linha reta

É o método mais utilizado pelas empresas privadas no Brasil. Para melhor compreendê-lo, vejamos o exemplo a seguir:
- Custo do ativo = $ 1.000
- Valor residual = $ 100
- Tempo de vida útil = 5 anos

a) Cálculo da depreciação:

$$\text{Valor da depreciação do período} = \frac{1.000 - 100}{5 \text{ anos}} = \$ 180$$

Uma vez encontrado o valor da depreciação, podemos elaborar um mapa indicando as parcelas a serem apropriadas nas variações passivas em cada período, bem como o valor acumulado e o valor contábil respectivo, conforme a seguir.

b) Tabela das cotas de depreciação anual.

Período	Depreciação anual	Acumulada	Valor contábil
1	180	180	820
2	180	360	640
3	180	540	460
4	180	720	280
5	180	900	100 (valor residual)
Total	900		

6.4.2.2.2. Método das somas dos dígitos

Esse método não distribui igualmente o valor da depreciação pelo número de períodos da vida útil, mas, ao contrário, considera que seu valor é decrescente a partir do total de anos, e assim por diante. Assim, se utilizarmos o mesmo exemplo anterior, temos que a soma dos dígitos corresponde a 15 (1 + 2 + 3 + 4 + 5) e, nesse caso, teríamos o seguinte cálculo das cotas anuais de depreciação:

Período	Taxa	Depreciação anual	Acumulada	Valor contábil
1	5/15	300	300	700
2	4/15	240	540	460
3	3/15	180	720	280
4	2/15	120	840	160
5	1/15	60	900	100 (valor residual)
Total		900		

6.4.2.2.3. Método das unidades produzidas

Esse método é bastante útil para o cálculo da depreciação dos ativos em que seja possível estimar o total de unidades que serão produzidas. Então, ao seguirmos o mesmo exemplo, se esse ativo tiver capacidade para produzir 2.000 unidades ao longo dos cinco anos, teremos o seguinte cálculo do valor da depreciação por unidade.

$$\text{Valor da depreciação por hora} = \frac{1.000 - 100}{2.000 \text{ unidades}} = \$\ 0,45$$

Período	Unidades produzidas	Depreciação anual	Acumulada	Valor contábil
1	300	135,00	135,00	865,00
2	350	157,50	292,50	707,50
3	350	157,50	450,00	550,00
4	450	202,50	652,50	347,50
5	550	247,50	900,00	100 (valor residual)
Total	2.000	900,00		

6.4.2.3. Divulgação

De acordo com a NBC T 16.9, as demonstrações contábeis devem divulgar, para cada classe de imobilizado, em nota explicativa:
- o método utilizado, a vida útil econômica e a taxa utilizada;
- o valor contábil bruto e a depreciação, a amortização e a exaustão acumuladas no início e no fim do período;
- as mudanças nas estimativas em relação a valores residuais, vida útil econômica, método e taxa utilizados.

6.4.3. Disponibilidades

Disponibilidades são os recursos financeiros que se encontram à disposição imediata da entidade, compreendendo os meios de pagamento em moeda e em outras espécies, os depósitos bancários à vista e os títulos de liquidez imediata.

As disponibilidades e as aplicações financeiras de liquidez imediata devem ser mensuradas ou avaliadas pelo valor original. Quando mensuradas em moeda estrangeira, deverá ser feita a conversão à taxa de câmbio vigente na data do balanço patrimonial. As atualizações apuradas são contabilizadas em contas de resultado.

6.4. Créditos e dívidas

Os créditos representam direitos, enquanto as dívidas representam obrigações; ambos devem ser mensurados ou avaliados pelo valor original. Quando mensurados em moeda estrangeira, deverá ser feita a conversão à taxa de câmbio vigente na data do balanço patrimonial.

Os riscos de recebimento de dívidas são reconhecidos em conta de ajuste, a qual será reduzida ou anulada quando deixarem de existir os motivos que a originaram. As provisões são constituídas com base em estimativas pelos prováveis valores de realização para os ativos e de reconhecimento para os passivos.

Os direitos, os títulos de crédito e as obrigações prefixados são ajustados a valor presente. Contudo, os pós-fixados são ajustados considerando-se todos os encargos incorridos até a data de encerramento do balanço. São contabilizados em contas de resultado as atualizações e os ajustes apurados.

6.4.5. Estoques

Estoques representam os bens armazenados em processo de produção de quaisquer recursos necessários para dar origem a um bem. São mensurados ou avaliados com base no valor de aquisição ou no valor de produção ou de construção.

Segundo as NBC T SP, os gastos de distribuição, de administração geral e financeiros são considerados como despesas do período em que ocorrerem.

Se o valor de aquisição, de produção ou de construção for superior ao valor de mercado, deve ser adotado o valor de mercado.

O método para mensuração e avaliação das saídas dos estoques é o custo médio ponderado.

Quando houver deterioração física parcial, obsolescência, bem como outros fatores análogos, deve ser utilizado o valor de mercado.

Os resíduos e os refugos devem ser mensurados, na falta de critério mais adequado, pelo valor realizável líquido.

Os estoques de animais e de produtos agrícolas e extrativos são mensurados ou avaliados pelo valor de mercado, quando atendidas as seguintes condições: que a atividade seja primária, que o custo de produção seja de difícil determinação ou que acarrete gastos excessivos.

6.4.6. Investimentos permanentes

De acordo com as NBC T SP, as participações em empresas e em consórcios públicos ou públicos privados sobre cuja administração se tenha influência significativa devem ser mensuradas ou avaliadas pelo método da equivalência patrimonial.

As demais participações podem ser mensuradas ou avaliadas de acordo com o custo de aquisição. Os ajustes apurados são contabilizados em contas de resultado.

6.4.7. Imobilizado

O ativo imobilizado pertence ao grupo ativo não circulante e nele são registrados os bens destinados à manutenção das atividades econômicas da entidade. O imobilizado deve ser mensurado ou avaliado com base no valor de aquisição, produção ou construção.

Os ativos registrados nesse grupo, quando tiverem vida útil econômica limitada, ficam sujeitos a depreciação, amortização ou exaustão sistemática durante esse período, sem prejuízo das exceções expressamente consignadas.

As NBC T SP esclarecem ainda que:
- Quando se tratar de ativos do imobilizado obtidos a título gratuito deve ser considerado o valor resultante da avaliação obtida com base em procedimento técnico ou valor patrimonial definido nos termos da doação.
- O critério de avaliação dos ativos do imobilizado obtidos a título gratuito e a eventual impossibilidade de sua mensuração devem ser evidenciados em notas explicativas.

- Os gastos posteriores à aquisição ou ao registro de elemento do ativo imobilizado devem ser incorporados ao valor desse ativo quando houver possibilidade de geração de benefícios econômicos futuros ou potenciais de serviços. Qualquer outro gasto que não gere benefícios futuros deve ser reconhecido como despesa do período em que seja incorrido.

- No caso de transferências de ativos, o valor a atribuir deve ser o valor contábil líquido constante nos registros da entidade de origem. Em caso de divergência desse critério com o fixado no instrumento de autorização da transferência, o mesmo deve ser evidenciado em notas explicativas.

- Os bens de uso comum que absorveram ou absorvem recursos públicos, ou aqueles eventualmente recebidos em doação, devem ser incluídos no ativo não circulante da entidade responsável pela sua administração ou controle, estejam ou não afetos à sua atividade operacional.

- A mensuração dos bens de uso comum será efetuada, sempre que possível, ao valor de aquisição ou ao valor de produção e construção.

6.4.8. Intangível

O intangível representa os direitos que tenham por objeto bens incorpóreos destinados à manutenção da atividade pública ou exercidos com essa finalidade. Sua mensuração ou avaliação deve ser feita com base no valor de aquisição ou de produção.

Os ativos intangíveis obtidos a título gratuito e a eventual impossibilidade de sua valoração devem ter seu critério de mensuração ou avaliação evidenciados através de notas explicativas.

Os gastos posteriores à aquisição ou ao registro de elemento do ativo intangível devem ser incorporados ao valor desse ativo quando houver possibilidade de geração de benefícios econômicos futuros ou potenciais de serviços. Qualquer outro gasto deve ser reconhecido como despesa do período em que seja incorrido.

6.4.9. Diferido

As NBC T SP, esclarecem que as despesas pré-operacionais e os gastos de reestruturação que contribuirão efetivamente para a prestação de serviços públicos de mais de um exercício e que não configurem tão somente uma redução de custos ou acréscimo na eficiência operacional, classificados como ativo diferido, são mensurados ou avaliados pelo custo incorrido, deduzidos do saldo da respectiva conta de amortização acumulada e do montante acumulado de quaisquer perdas do valor que tenham sofrido ao longo de sua vida útil por redução ao valor recuperável (*impairment*).

6.4.10. Reavaliação e redução ao valor recuperável

Conforme as NBC T SP, as reavaliações devem ser feitas utilizando-se o valor justo ou o valor de mercado na data de encerramento do balanço patrimonial, pelo menos:
- anualmente, para as contas ou grupo de contas cujos valores de mercado variarem significativamente em relação aos valores anteriormente registrados;
- a cada quatro anos, para as demais contas ou grupos de contas.

Na impossibilidade de se estabelecer o valor de mercado, o valor do ativo pode ser definido com base em parâmetros de referência que considerem características, circunstâncias e localizações assemelhadas.

Em caso de bens imóveis específicos, o valor justo pode ser estimado utilizando-se o valor de reposição do ativo devidamente depreciado.

O valor de reposição de um ativo depreciado pode ser estabelecido por referência ao preço de compra ou construção de um ativo semelhante com similar potencial de serviço.

Os acréscimos ou os decréscimos do valor do ativo em decorrência, respectivamente, de reavaliação ou redução ao valor recuperável (*impairment*) devem ser registrados em contas de resultado.

capítulo · 7

Demonstrações contábeis e o processo de consolidação

7.1. INTRODUÇÃO

As Demonstrações Contábeis Aplicadas ao Setor Público (DCASP), inicialmente estabelecidas pela Lei n.º 4.320/1964, foram alteradas com vistas à padronização com as normas internacionais de contabilidade e somaram-se a outras que passaram a ser exigidas pelas Normas Brasileiras de Contabilidade Técnica (NBC T 16) e pelo Manual de Contabilidade Aplicada ao Setor Público (MCASP).

As DCASP são ao todo sete, compreendendo:
- Balanço orçamentário.
- Balanço financeiro.
- Balanço patrimonial.
- Demonstração das variações patrimoniais.
- Demonstração dos fluxos de caixa.
- Demonstração das mutações do patrimônio líquido.
- Demonstração do resultado econômico.

Para efeito da referida norma, as demonstrações contábeis:
- devem ser acompanhadas por anexos, por outros demonstrativos exigidos por lei e pelas notas explicativas;
- devem apresentar informações extraídas dos registros e dos documentos que integram o sistema contábil da entidade;
- devem conter a identificação da entidade do setor público, da autoridade responsável e do contabilista;

- devem ser divulgadas com a apresentação dos valores correspondentes ao período anterior;
- as contas semelhantes podem ser agrupadas; os pequenos saldos podem ser agregados, desde que indicada a sua natureza e não ultrapassem 10% do valor do respectivo grupo de contas, sendo vedadas a compensação de saldos e a utilização de designações genéricas;
- para fins de publicação, podem apresentar os valores monetários em unidades de milhar ou em unidades de milhão, devendo indicar a unidade utilizada;
- os saldos devedores ou credores das contas retificadoras devem ser apresentados como valores redutores das contas ou do grupo de contas que lhes deram origem.

7.2. BALANÇO ORÇAMENTÁRIO

7.2.1. Noções iniciais

De acordo com a Lei n.º 4.320/1964 (art. 102), o balanço orçamentário apresentará as receitas e as despesas previstas em confronto com as realizadas. Nesse sentido, deve ser seguida a orientação do art. 35 da referida lei, que estabelece: pertencem ao exercício financeiro as receitas nele *arrecadadas* e as despesas nele legalmente *empenhadas*.

A Secretaria do Tesouro Nacional (STN), com a edição do Manual de Contabilidade Aplicada ao Setor Público (MCASP), propôs mudanças relevantes na estrutura do balanço orçamentário, dentre elas:
- a despesa orçamentária passa a ser demonstrada por empenho, liquidação e despesa paga, e não mais por tipo de crédito;
- foram criadas linhas específicas de refinanciamento de dívida e saldos de exercícios anteriores para as receitas;
- foram criadas linhas de amortização da dívida refinanciada para a despesa orçamentária.

Veja a seguir a estrutura do balanço orçamentário conforme o Manual de Contabilidade Aplicada ao Setor Público válido para o exercício de 2012.

Capítulo 7 – Demonstrações contábeis e o processo de consolidação   131

< ENTE DA FEDERAÇÃO> BALANÇO ORÇAMENTÁRIO					
Exercício:	Período (mês):		Data da emissão:		Página:
Receitas orçamentárias		Previsão inicial	Previsão atualizada (a)	Receitas realizadas (b)	Saldo c = (b − a)
RECEITAS CORRENTES **RECEITA TRIBUTÁRIA** Impostos Taxas Contribuição de melhoria **RECEITA DE CONTRIBUIÇÕES** Contribuições sociais Contribuições de intervenção no domínio econômico Contribuição de intervenção pública **RECEITA PATRIMONIAL** Receitas imobiliárias Receitas de valores mobiliários Receita de concessões e permissões Outras receitas patrimoniais **RECEITA AGROPECUÁRIA** Receita da produção vegetal Receita da produção animal e derivados Outras receitas agropecuárias **RECEITA INDUSTRIAL** Receita da indústria de transformação Receita da indústria de construção Outras receitas industriais **RECEITA DE SERVIÇO** **TRANSFERÊNCIAS CORRENTES** Transferências Intergovernamentais Transferências de instituições privadas Transferências do exterior Transferências de pessoas Transferências de convênios Transferências para o combate à fome **OUTRAS RECEITAS CORRENTES** Multas e juros de mora Indenizações e restrições Receitas correntes diversas					

Receitas orçamentárias	Previsão inicial	Previsão atualizada (a)	Receitas realizadas (b)	Saldo c = (b − a)
RECEITAS DE CAPITAL				
OPERAÇÕES DE CRÉDITO				
Operações de créditos internas				
Operações de créditos externas				
ALIENAÇÃO DE BENS				
Alienação de bens móveis				
Alienação de bens imóveis				
AMORTIZAÇÕES DE EMPRÉSTIMOS				
TRANSFERÊNCIAS DE CAPITAL				
Transferências Intergovernamentais				
Transferências de instituições privadas				
Transferências do exterior				
Transferências de pessoas				
Transferências de convênios				
Transferências para o combate à fome				
OUTRAS RECEITAS DE CAPITAL				
Integralização do capital social				
Div. ativa prov. da amortz. emp. e finan.				
Restrições				
Receitas de capital diversas				
SUBTOTAL DAS RECEITAS (I)				
REFINANCIAMENTO (II)				
Operações de créditos internas				
Mobiliária				
Contratual				
Operações de crédito externas				
Mobiliária				
Contratual				
SUBTOTAL COM REFINANCIAMENTO (III) = (I + II)				
DÉFICIT (IV)					−
TOTAL (V) = (III + IV)				−
SALDOS DE EXERCÍCIOS ANTERIORES (UTILIZADOS PARA CRÉDITOS ADICIONAIS)		−		−
Superávit financeiro				
Reabertura de créditos adicionais				

Despesas orçamentárias	Dotação inicial (d)	Dotação atualizada (e)	Despesas empenhadas (f)	Despesas liquidadas (g)	Despesas pagas (h)	Saldo da dotação (i) = (e − f)
DESPESAS CORRENTES						
PESSOAL ENCARGOS SOCIAIS						
JUROS E ENCARGOS DA DÍVIDA						
OUTRAS DESPESAS CORRENTES						
DESPESAS DE CAPITAL						
INVESTIMENTOS						
INVERSÕES FINANCEIRAS						
AMORTIZAÇÃO DA DÍVIDA						
RESERVA DE CONTINGÊNCIA						
RESERVA DO RPPS						
SUBTOTAL DAS DESPESAS (VI)						
AMORTIZAÇÃO DA DÍVIDA / REFINANCIAMNETO (VII)						
Amortização da dívida interna						
Dívida mobiliária						
Outras dívidas						
Amortização da dívida externa						
Dívida mobiliária						
Outras dívidas						
SUBTOTAL COM REFINANCIAMENTO (VII) = (VI + VII)						
SUPERAVIT (IX)						
TOTAL (X) = (VII + IX)						

7.2.2. Análise do balanço orçamentário

A análise do balanço orçamentário permite obter as seguintes informações:
- Previsão da receita = fixação da despesa
- Resultado orçamentário:
  - Receita executada > despesa executada = superávit
  - Receita executada < despesa executada = déficit
  - Receita executada = despesa executada = equilíbrio
  - Receita prevista > receita executada = insuficiência de arrecadação
  - Receita executada > receita prevista = excesso de arrecadação
  - Despesa fixada > despesa executada = economia na execução da despesa
  - Despesa fixada < despesa executada = excesso na execução da despesa

7.3. BALANÇO FINANCEIRO

7.3.1. Noções iniciais

Segundo a Lei n.º 4.320/1964 (art. 103) o balanço financeiro demonstra os ingressos (entradas) e dispêndios (saídas) de recursos financeiros a título de receitas e despesas orçamentárias, bem como os recebimentos e pagamentos de natureza extraorçamentária, conjugados com os saldos de disponibilidades do exercício anterior e aqueles que passarão para o exercício seguinte.

É importante atentar para o que dispõe o parágrafo único desse artigo: "Os restos a pagar do exercício serão computados na receita extraorçamentária para compensar sua inclusão na despesa orçamentária."

A Secretaria do Tesouro Nacional (STN) com a edição do *Manual de Contabilidade Aplicada ao Setor Público* (MCASP) trouxe mudanças relevantes na estrutura do balanço financeiro, dentre elas:

Capítulo 7 – Demonstrações contábeis e o processo de consolidação   135

- A despesa orçamentária passa a ser demonstrada por destinação de recursos e não mais por função e grupo de despesa.
- A despesa orçamentária é registrada por empenho e não mais por liquidação durante o exercício.

Veja a seguir a estrutura do balanço financeiro conforme o *Manual de Contabilidade Aplicada ao Setor Público* válido para o exercício de 2012.

< ENTE DA FEDERAÇÃO> BALANÇO ORÇAMENTÁRIO						
Exercício:		**Período (mês):**	**Data da emissão:**		**Página:**	
INGRESSOS			DISPÊNDIOS		
ESPECIFICAÇÃO	Exercício Atual	Exercício Anterior	ESPECIFICAÇÃO	Exercício Atual	Exercício Anterior
Receita Orçamentária (I)			Despesa Orçamentária (VI)		
Ordinária			Ordinária		
Vinculada			Vinculada		
Previdência Social			Previdência Social		
Transferência obrigatória de outro ente			Transferência obrigatória de outro ente		
Convênios			Convênios		
(...)			(...)		
(–) Deduções da Receita Orçamentária					
Transferência Fianceiras Recebidas (II)			Transferência Fianceiras Recebidas (VII)		
Recebimento Extraorçamentários (III)			Pagamentos Extraorçamentários (VIII)		

INGRESSOS			DISPÊNDIOS		
ESPECIFICAÇÃO	Exercício atual	Exercício anterior	ESPECIFICAÇÃO	Exercício atual	Exercício anterior
Saldo em espécie do exercício anterior (IV)			Saldo em espécie do exercício seguinte (IX)		
Total (V) = (I + II + III + IV)			Total (X) = (VI+VII+VIII+IX)		

7.3.2. Análise do balanço financeiro

A análise do balanço financeiro permite obter as seguintes informações:
- Resultado financeiro do exercício:
    - Saldo em espécie para o exercício seguinte > saldo em espécie do exercício anterior = resultado financeiro positivo
    - Saldo em espécie para o exercício seguinte < saldo em espécie do exercício anterior = resultado financeiro negativo
    - Saldo em espécie para o exercício seguinte = saldo em espécie do exercício anterior = resultado financeiro nulo

7.4. BALANÇO PATRIMONIAL

7.4.1. Noções iniciais

De acordo com a Lei n.º 4.320/1964 (art. 105), no balanço patrimonial estarão demonstrados os ativos financeiro e permanente, os passivos financeiro e permanente, o saldo patrimonial e as contas de compensação.
- **Ativo e passivo financeiros:** independem de autorização orçamentária para suas realizações.
- **Ativo e passivo não financeiros:** dependem de autorização orçamentária para suas realizações.

Capítulo 7 – Demonstrações contábeis e o processo de consolidação   **137**

- **Contas de compensação:** correspondem apenas aos atos potenciais (contratos, convênios, garantias etc.)

Com as alterações promovidas pelas Normas Brasileiras de Contabilidade Técnicas (NBC T 16) e pelo *Manual de Contabilidade Aplicada ao Setor Público* (MCASP), confere-se enfoque patrimonial ao balanço e promove-se a convergência às normas internacionais e brasileiras, incluindo a legislação societária (Lei n.º 6.404/1976 e alterações).

O ativo no balanço patrimonial passa a ser dividido em **ativo circulante** e **ativo não circulante**, conforme a seguir:

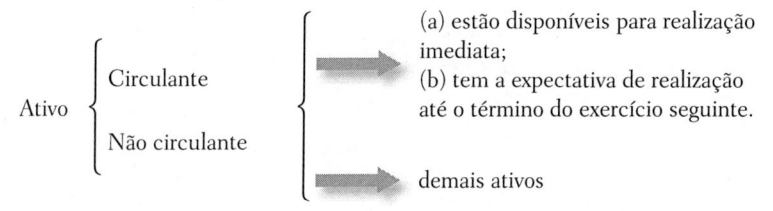

Ativo { Circulante / Não circulante }
→ (a) estão disponíveis para realização imediata;
(b) tem a expectativa de realização até o término do exercício seguinte.
→ demais ativos

O passivo no balanço patrimonial passa a ser dividido em **passivo circulante** e **passivo não circulante**, conforme a seguir:

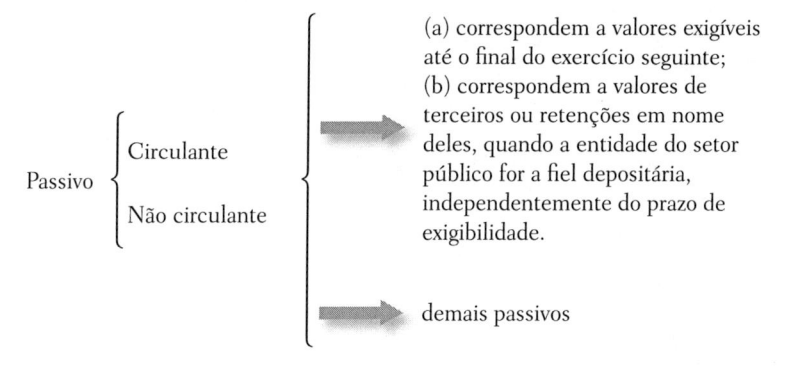

Passivo { Circulante / Não circulante }
→ (a) correspondem a valores exigíveis até o final do exercício seguinte;
(b) correspondem a valores de terceiros ou retenções em nome deles, quando a entidade do setor público for a fiel depositária, independentemente do prazo de exigibilidade.
→ demais passivos

No balanço patrimonial, as contas devem ser dispostas da seguinte forma:

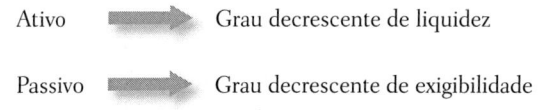

Ativo → Grau decrescente de liquidez

Passivo → Grau decrescente de exigibilidade

Veja a seguir a estrutura do balanço patrimonial conforme o *Manual de Contabilidade Aplicada ao Setor Público* válido para o exercício de 2012.

<ENTE DA FEDERAÇÃO> BALANÇO ORÇAMENTÁRIO

Exercício: Período (mês):   Data da emissão: Página:

ATIVO			PASSIVO		
ESPECIFICAÇÃO	Exercício atual	Exercício anterior	ESPECIFICAÇÃO	Exercício atual	Exercício anterior
ATIVO CIRCULANTE			PASSIVO CIRCULANTE		
Caixa e equivalente de caixa			Obrigações trabalhistas, previdenciárias e assistênciais a pagar a curto prazo		
Créditos a curto prazo			Empréstimos e financiamento a curto prazo		
Demais créditos e valores a curto prazo			Fornecedores e contas a pagar a curto prazo		
Investimentos e aplicações temporárias a curto prazo			Obrigações fiscais a curto prazo		
Estoques			Demais obrigações a curto prazo		
VPD Pagas antecipadamente			Provisõs a curto prazo		
ATIVO NÃO-CIRCULANTE			PASSIVO NÃO-CIRCULANTE		
Ativo realizável a longo prazo			Obrigações trabalhistas, previdenciárias e assistênciais a pagar a longo prazo		
Créditos a longo prazo			Empréstimos e financiamento a longo prazo		
Demais créditos e valores a longo prazo			Fornecedores a longo prazo		
Investimentos temporários a longo prazo			Obrigações fiscais a longo prazo		
Estoques			Demais obrigações a longo prazo		
VPD Pagas antecipadamente			Provisõs a longo prazo		
Investimentos			Resultado diferido		
Participações permanentes			TOTAL DO PASSIVO		
Demais Investimentos permanetes					
(−) Redução ao valor recuperável					

ATIVO

ESPECIFICAÇÃO	Exercício atual	Exercício anterior
Imobilizado		
Bens móveis		
Bens imóveis		
(–) Depreciação, exaustão e amortização acumuladas		
(–) Redução ao valor recuperável		
Intangível		
Softwares		
Marcas, direitos e patentes industriais		
Direito e uso de imóveis		
(–) Amortização acumulada		
(–) Redução ao valor recuperável		
TOTAL		

	Exercício atual	Exercício anterior
ATIVO FINANCEIRO		
ATIVO PERMANENTE		
SALDO PATRIMONIAL		

Compensação

ESPECIFICAÇÃO	Exercício atual	Exercício anterior
Saldo dos atos potenciais ativos		
TOTAL		

PATRIMÔNIO LÍQUIDO

ESPECIFICAÇÃO	Exercício atual	Exercício anterior
Patrimônio social e capital social		
Adiantamento para futuro aumento de capital		
Reservas de capital		
Ajustes de avaliação patrimonial		
Reservas de lucros		
Demais reservas		
Resultados acumulados		
(–) Ações / cotas em tesouraria		
TOTAL DO PATRIMÔNIO LÍQUIDO		
TOTAL		

	Exercício atual	Exercício anterior
PASSIVO FINANCEIRO		
PASSIVO PERMANENTE		

ESPECIFICAÇÃO	Exercício atual	Exercício anterior
Saldo dos atos potenciais passivos		
TOTAL		

7.4.2. Análise do balanço patrimonial

A análise do balanço patrimonial permite obter as seguintes informações:

- Ativo real = ativo financeiro + ativo não financeiro (permanente)
- Passivo real = passivo financeiro + passivo não financeiro (permanente)
- Ativo real > passivo real = patrimônio líquido positivo
- Ativo real < passivo real = passivo real a descoberto ou PL positivo
- Ativo financeiro > passivo financeiro = superávit financeiro
- Ativo financeiro < passivo financeiro = déficit financeiro

7.5. DEMONSTRAÇÕES DAS VARIAÇÕES PATRIMONIAIS

7.5.1 Noções iniciais

Segundo a Lei n.º 4.320/1964 (art. 104), a demonstração das variações patrimoniais (DVP) evidencia as alterações verificadas no patrimônio durante o exercício financeiro, resultantes ou independentes da execução orçamentária, e indica o resultado patrimonial do exercício.

De acordo com a redação dada pela Resolução CFC n.º 1.268/2009, a demonstração das variações patrimoniais evidenciará as variações quantitativas, o resultado patrimonial e as variações qualitativas decorrentes da execução orçamentária.

As variações quantitativas são decorrentes de transações no setor público que aumentam ou diminuem o patrimônio líquido. O resultado patrimonial do período é apurado pelo confronto entre as variações patrimoniais aumentativas e diminutivas.

As variações qualitativas são decorrentes de transações no setor público que alteram a composição dos elementos patrimoniais sem afetar o patrimônio líquido.

Capítulo 7 – Demonstrações contábeis e o processo de consolidação   141

Variações aumentativas ▶ Aumentam a situação líquida patrimonial

Variações diminutivas ▶ Diminuem a situação líquida patrimonial

É importante atentar para o que se deve demonstrar na DVP com relação às variações qualitativas. Para fins da DVP, apresentar-se-ão as variações qualitativas decorrentes da execução orçamentária que consistem em incorporação de ativos não financeiros, desincorporação de passivos não financeiros, desincorporação de ativos não financeiros e incorporação de passivos não financeiros. Para fins da demonstração das variações patrimoniais, considerar-se-ão apenas as decorrentes das receitas e despesas de capital.

Veja a seguir a estrutura da demonstração das variações patrimoniais conforme o Manual de Contabilidade Aplicada ao Setor Público válido para o exercício de 2012.

< ENTE DA FEDERAÇÃO> DEMONSTRAÇÃO DAS VARIAÇÕES PATRIMONIAIS			
Exercício:	Período (mês):	Data da emissão:	Página:
VARIAÇÕES PATRIMONIAIS QUANTITATIVAS			
		Exercício atual	Exercício anterior
VARIAÇÕES PATRIMONIAIS AUMENTATIVAS			
Impostos, taxas e contribuições de melhoria			
Imposto Taxas Contribuições de melhoria			
Contribuições			
Contribuições sociais Contribuições de intervenção no domínio econômico Contribuição de iluminação pública			
Emploração e venda de bens, serviços e direitos			
Venda de mercadorias Venda de produtos Exploração de bens e direitos e prestação de serviços			

142 CONTABILIDADE APLICADA AO SETOR PÚBLICO

VARIAÇÕES PATRIMONIAIS QUANTITATIVAS	Exercício atual	Exercício anterior
VARIAÇÕES PATRIMONIAIS AUMENTATIVAS		
Variações patrimoniais aumentativas finnceiras		
Juros e encargos de empréstimos e financiamentos concedidos		
Juros e encargos de mora		
Variações monetárias e cambiais		
Descontos financeiros obtidos		
Remuneração de depósitos bancários e aplicações financeiras		
Outras variações patrimoniais aumentativas – financeiras		
Transferências recebidas		
Transferências intragovernamentais		
Transferências intergovernamentais		
Transferências das instituições privadas		
Transferências das instituições multigovernamentais		
Transferências de consórcios públicos		
Transferências do exterior		
Transferências de pessoas físicas		
Valorização e ganhos com ativos		
Reavaliação de ativos		
Ganhos com alienação		
Ganhos com incorporação de ativos por descobertas e nascimentos		
Outras variações patrimoniais aumentativas		
Resultado positivo de participações		
Diversas variações patrimoniais aumentativas		
VARIAÇÕES PATRIMONIAIS DIMINUTIVAS		
Pessoal e encargos		
Remuneração a pessoal		
Encargos patrimoniais		
Benefícios a pessoal		
Outras variações patrimoniais diminutivas – pessoal e encargos		

VARIAÇÕES PATRIMONIAIS QUANTITATIVAS		
	Exercício atual	Exercício anterior
VARIAÇÕES PATRIMONIAIS DIMINUTIVAS		
Benefícios previdenciários		
Aposentadorias e reformas Pensões Outros benefícios assistenciais		
Benefícios assistenciais		
Benefícios de prestação continuada Benefícios eventuais Políticas públicas de transferência de renda Outros benefícios assistenciais		
Uso de bens, serviços e consumo de capital fixo		
Uso de material de consumo Serviços Depreciação, amortização de exaustão		
Variações patrimoniais diminutivas financeiras		
Juros e encargos de empréstimos e financiamento obtidos Juros e encargos de mora Variações monetárias e cambiais Descontos financeiros concedidos Outras variações patrimoniais diminutivas – financeiras		
Transferências concedidas		
Transferências intragovernamentais Transferências intergovernamentais Transferências das instituições privadas Transferências das instituições multigovernamentais Transferências de consórcios públicos Transferências do exterior		
Desvalorização e perda de ativos		
Redução a valor recuperável e provisão para perdas Perdas com alienação Perdas involuntárias		
Tributarias		
Impostos, taxas e contribuições de melhoria Contribuições		

VARIAÇÕES PATRIMONIAIS QUANTITATIVAS		
	Exercício atual	Exercício anterior
VARIAÇÕES PATRIMONIAIS DIMINUTIVAS		
Outras variações patrimoniais diminutivas		
Premiações		
Resultados negativos de participações		
Variações patrimoniais diminutivas de instituições financeiras		
Equalizações de preços e taxas		
Participações e contribuições		
Diversas variações patrimoniais diminutivas		
Resultado patrimonial do período		
VARIAÇÕES PATRIMONIAIS QUANTITATIVAS (decorrentes da execução orçamentária)		
	Exercício atual	Exercício anterior
Incorporação de ativo		
Desincorporação de passivo		
Incorporação de passivo		
Desincorporação de ativo		

7.5.2. Análise da demonstração das variações patrimoniais

A análise da demonstração das variações patrimoniais permite obter as seguintes informações:
- Resultado patrimonial do exercício:
    - Variações aumentativas > variações diminutivas = superávit
    - Variações aumentativas < variações diminutivas = déficit
    - Variações aumentativas = variações diminutivas = equilíbrio
    - A diferença entre as variações aumentativas e as variações diminutivas ocorridas durante o ano, ou seja, o resultado patrimonial do exercício poderá constar das variações aumentativas (déficit) ou das variações diminutivas (no caso de superávit).
- A DVP permite a análise das variáveis que influenciaram na alteração do patrimônio da entidade para o fornecimento dos serviços públicos.

7.6. Demonstração dos fluxos de caixa

7.6.1. Noções iniciais

A demonstração dos fluxos de caixa (DFC) foi acrescida ao rol de demonstrações contábeis do setor público com vistas a:
- permitir melhor gerenciamento e controle financeiro;
- proporcionar aos usuários da informação contábil instrumentos para avaliar a capacidade de a entidade gerar caixa e equivalentes de caixa, bem como suas necessidades de liquidez;
- permitir aos usuários projetar cenários de fluxos futuros de caixa e elaborar análise sobre eventuais mudanças sobre a capacidade de manutenção dos serviços públicos.

A DFC pode ser elaborada pelo método direto ou indireto, permitindo aos usuários da informação obter uma visão geral das finanças públicas, o que possibilita efetuar comparações entre ingressos e desembolsos por tipos de atividades (operacionais, de investimento e de financiamento) e avaliar as decisões de investimento e financiamento público.

7.6.2. Análise da demonstração dos fluxos de caixa

A análise da demonstração dos fluxos de caixa possibilita:
- avaliar a situação presente e futura do caixa da entidade, permitindo análise de liquidez;
- certificar se os excessos de caixa estão sendo aplicados;
- conhecer a capacidade de expansão das despesas com recursos próprios gerados pelas operações;
- otimizar o emprego dos recursos financeiros disponíveis;
- analisar imediatamente a disponibilidade e o impacto da inserção de uma nova despesa na programação das finanças da entidade;
- avaliar a previsão de quando é possível contrair novas despesas sem que isso comprometa as finanças públicas;
- controlar sobre a ociosidade ou sobre o uso abusivo de recursos em determinados tipos de despesas;
- evitar o déficit público e o aumento do endividamento público.

Veja a seguir a estrutura da demonstração dos fluxos de caixa (pelo método direto), conforme o *Manual de Contabilidade Aplicada ao Setor Público* válido para o exercício de 2012.

< ENTE DA FEDERAÇÃO> DEMONSTRAÇÃO DOS FLUXOS DE CAIXA			
Exercício:	Período (mês):	Data da emissão:	Página:
		Exercício atual	Exercício anterior
FLUXO DE CAIXA DAS ATIVIDADES DAS OPERAÇÕES			
INGRESSOS			
RECEITAS DERIVADAS			
Receita tributária			
Receita de contribuições			
Outas receitas derivadas			
RECEITAS ORIGINÁRIAS			
Receita patrimonial			
Receita agropecuária			
Receita industrial			
Receita de serviços			
Outras receitas originárias			
Remuneração das disponibilidades			
TRANSFERÊNCIAS			
Intergovernamentais			
da União			
de estados e Distrito Federal			
de municípios			
Intragovernamentais			
DESEMBOLSOS			
PESSOAL E OUTRAS DESPESAS CORRENTES POR FUNÇÃO			
Legislativa			
Judiciária			
Administração			
Defesa nacional			
Segurança pública			
Relações exteriores			
Assistência social			
Saúde			
Trabalho			
Educação			
(...)			

Capítulo 7 – Demonstrações contábeis e o processo de consolidação 147

	Exercício atual	Exercício anterior
FLUXO DE CAIXA DAS ATIVIDADES DAS OPERAÇÕES		
JUROS E ENCARGOS DA DÍVIDA		
Juros e correção monetária da dívida interna		
Juros e correção monetária da dívida externa		
TRANSFERÊNCIAS		
Intergovernamentais		
da União		
de estados e Distrito Federal		
de municípios		
Intragovernamentais		
FLUXO DE CAIXA LÍQUIDO DAS ATIVIDADES DAS OPERAÇÕES		
FLUXOS DE CAIXA DAS ATIVIDADES DE INVESTIMENTO		
INGRESSOS		
ALIENAÇÃO DE BENS		
AMORTIZAÇÃO DE EMPRÉSTIMOS E FINANCIAMENTOS CONCEDIDOS		
DESEMBOLSOS		
AQUISIÇÃO DE ATIVO NÃO CIRCULANTE		
CONCESSÃO DE EMPRÉSTIMOS E FINANCIAMENTOS		
FLUXO DE CAIXA LÍQUIDO DAS ATIVIDADES DE INVESTIMENTO		
	Exercício atual	Exercício anterior
FLUXOS DE CAIXA DAS ATIVIDADES DE FINANCIAMENTO		
INGRESSOS		
OPERAÇÕES DE CRÉDITOS		
DESEMBOLSOS		
AMORTIZAÇÃO / REFINANCIAMENTO DA DÍVIDA		
FLUXO DE CAIXA LÍQUIDO DAS ATIVIDADES DE FINANCIAMENTO		
APURAÇÃO DO FLUXO DE CAIXA DO PERÍODO		
GERAÇÃO LÍQUIDA DE CAIXA E EQUIVALENTE DE CAIXA		
CAIXA E EQUIVALENTE DE CAIXA INICIAL		
CAIXA E EQUIVALENTE DE CAIXA FINAL		

7.7. DEMONSTRAÇÃO DO RESULTADO ECONÔMICO

7.7.1. Noções iniciais

A crescente exigência popular acerca da transparência na gestão dos recursos públicos, objetivando a verificação da otimização dos benefícios gerados à sociedade, revela a necessidade de implantação de um sistema de informações que permita a evidenciação de resultados alcançados sob a égide da eficiência, eficácia e efetividade.

No Brasil, a maioria dos gestores não sabe dizer se ações oferecidas à sociedade são bem-sucedidas ou não. Quando eles, por exemplo, impõem cortes ao orçamento, não sabem se estão cortando "supérfluos" ou "essenciais", faltando-lhes, muitas vezes, informações objetivas quanto aos resultados alcançados.

A busca de alternativas que reduzam os custos e otimizem a efetividade e a eficiência (preceito instituído pela Constituição de 1988 por meio do art. 74, inciso II: comprovar a legalidade e avaliar os resultados, quanto à eficácia e eficiência, da gestão orçamentária, financeira e patrimonial nos órgãos e entidades da administração federal, bem como da aplicação de recursos públicos por entidades de direito privado) dos serviços prestados à sociedade, pelos órgãos públicos, tem sido o grande desafio dos estudiosos e administradores da área pública no Brasil, pois, na realidade, a preocupação até então se restringia, fundamentalmente, a procedimentos mais voltados ao atendimento das prerrogativas legais vigentes no país, não se analisando os aspectos concernentes à gestão de custos e consequentes resultados, que já são demasiadamente conhecidos no setor privado.

Para tanto, a NBCT 16.6 criou um novo demonstrativo, a demonstração do resultado econômico (DRE), que evidencia eficiência na gestão dos recursos no serviço público.

Surge, pois, a necessidade de implementação de um sistema que objetive resultados. Sugere-se que, no mínimo, as ações e/ou serviços públicos sejam monitoradas passo a passo por um sistema de contabilidade e controladoria estritamente técnico e dotado de instrumental normativo perfeitamente definido; caso contrário, poderão ensejar evasão de recursos oriundos dos cidadãos, que os entrega à instituição Estado para serem aplicados nas necessidades essenciais de uma sociedade.

Nesse contexto, o Conselho Federal de Contabilidade, por meio da Resolução n.º 1.129/2008, que aprovou a NBCT 16. 2 — Patrimônio e Sistemas Contábeis, estabeleceu o subsistema de custos que tem como objetivo registrar, processar e evidenciar os custos dos bens e serviços produzidos e ofertados à sociedade pela entidade pública.

Segundo a norma, o subsistema de custos, integrado com os demais — orçamentário, financeiro, patrimonial e compensação — deve subsidiar a administração pública sobre:

a) desempenho da unidade contábil no cumprimento da sua missão;
b) avaliação dos resultados obtidos na execução dos programas de trabalho com relação à economicidade, eficiência, eficácia e efetividade;
c) avaliação das metas estabelecidas pelo planejamento;
d) avaliação dos riscos e das contingências.

De igual modo, a Resolução CFC n.º 1.133/2008, que aprovou a NBC T 16.6 — Demonstrações Contábeis, apresenta a demonstração do resultado econômico (DRE), cujo objetivo é evidenciar o resultado econômico das ações do setor público, considerando sua interligação com o subsistema de custos.

A demonstração do resultado econômico, cuja elaboração é facultativa, tem como premissa os seguintes conceitos:

- Custo de oportunidade (CO) — valor que seria desembolsado na alternativa desprezada de menor valor entre aquelas consideradas possíveis para a execução da ação pública.
- Receita econômica (RE) — valor apurado a partir de benefícios gerados à sociedade pela ação pública, obtido por meio da multiplicação da quantidade de serviços prestados (N), bens ou produtos fornecidos, pelo custo de oportunidade (CO), daí: $RE = N \times CO$.

- Custo de execução (CE) — valor econômico despendido pela entidade na ação objeto da apuração do resultado econômico apurado. É dividido em custos diretos e indiretos.

O resultado econômico apurado (REA) é, pois, o incremento líquido de benefícios gerados à sociedade a partir da ação eficiente e eficaz do gestor público, calculado a partir da diferença entre a receita econômica (RE) e o custo de execução (CE) da ação, conforme fórmula a seguir:

$$REA = RE - CE \text{ ou } REA = (N^*CO) - CE$$

Na realidade, o REA pode ser considerado como um "termômetro" que, se corretamente aferido, evidenciará o quanto de fato houve de economia na ação pública.

Veja a seguir a estrutura da demonstração do resultado econômico, conforme o *Manual de Contabilidade Aplicada ao Setor Público* válido para o exercício de 2012.

<ENTE DA FEDERAÇÃO> DEMONSTRAÇÃO DO RESULTADO ECONÔMICO			
Exercício:	Período (mês):	Data da emissão:	Página:
ESPECIFICAÇÃO		Exercício atual	Exercício anterior
1. Receita econômica dos serviços prestados e dos bens ou dos produtos fornecidos			
2. (–) Custos diretos identificados com a execução da ação pública			
3. Margem bruta			
4. (–) Custos indiretos identificados com a execução da ação pública			
5. (=) Resultado econômico apurado			

7.8. DEMONSTRAÇÃO DAS MUTAÇÕES DO PATRIMÔNIO LÍQUIDO

A demonstração das mutações do patrimônio líquido (DMPL) será obrigatória apenas para as empresas estatais dependentes e para os entes que as incorporarem no processo de consolidação das contas.

A entidade deve apresentar a demonstração das mutações no patrimônio líquido que objetiva demonstrar:

a) o déficit ou superávit patrimonial do período;

b) cada mutação no patrimônio líquido reconhecida diretamente nele;

c) o efeito decorrente da mudança nos critérios contábeis e os efeitos decorrentes da retificação de erros cometidos em exercícios anteriores;

d) as contribuições dos proprietários e distribuições recebidas por eles como proprietários.

As alterações no patrimônio líquido de uma entidade entre as datas de duas demonstrações financeiras consecutivas refletem o aumento ou a diminuição da riqueza durante o período.

A demonstração das mutações do patrimônio líquido contemplará, no mínimo, os itens contidos na estrutura descrita nesta parte, segregados em colunas, discriminando, por exemplo:

a) patrimônio social/capital social;

b) reservas de capital;

c) ajustes de avaliação patrimonial;

d) reservas de lucros;

e) ações/cotas em tesouraria;

f) resultados acumulados.

A conta "Ajustes de exercícios anteriores", que registra o saldo decorrente de efeitos da mudança de critério contábil ou da retificação de erro imputável a determinado exercício anterior e que não possa ser atribuído a fatos subsequentes, materializando os ajustes da administração direta, autarquias, fundações e fundos, integra a conta "Resultados acumulados".

Veja a seguir a estrutura da demonstração das mutações do patrimônio líquido, conforme o Manual de Contabilidade Aplicada ao Setor Público válido para o exercício de 2012.

<ENTE DA FEDERAÇÃO> DEMONSTRAÇÃO DAS MUTAÇÕES NO PATRIMÔNIO LÍQUIDO

Exercício: Período (mês):   Data da emissão: Página:

ESPECIFICAÇÕES	Pat. social/ capital social	Adiant. para futuro aumento de capital	Reser. de capital	Ajustes de Aval. Pat.	Reservas de lucros	Demais reserv.	Result. acumul.	Ações/ cotas em tesouraria	TOTAL
Saldo inicial do exercício anterior									
Ajustes de exercícios anteriores									
Aumento de capital									
Resultado do exercício									
Constituição / reversão de reservas									
Dividendos									
Saldo final do exercício anterior									
Saldo inicial do exercício atual									
Ajustes de exercícios anteriores									
Aumento de capital									
Resultado do exercício									
Constituição / reversão de reservas									
Dividendo									
Saldo final do exercício anterior									

capítulo · 8

Controle interno

8.1. INTRODUÇÃO

A NBC T 16.8 trata das definições gerais e conceitos sobre o controle interno, sua abrangência, classificação, estrutura e componentes.

Na referida norma foram estabelecidos referenciais para o controle interno como suporte do sistema de informação contábil, no sentido de minimizar riscos e dar efetividade às informações da contabilidade, visando contribuir para o alcance dos objetivos da entidade do setor público.

8.2. ABRANGÊNCIA

O controle interno sob o enfoque contábil compreende o conjunto de recursos, métodos, procedimentos e processos adotados pela entidade do setor público com a finalidade de:
- salvaguardar os ativos e assegurar a veracidade dos componentes patrimoniais;
- dar conformidade ao registro contábil em relação ao ato correspondente;
- propiciar a obtenção de informação oportuna e adequada;
- estimular adesão às normas e às diretrizes fixadas;
- contribuir para a promoção da eficiência operacional da entidade;
- auxiliar na prevenção de práticas ineficientes e antieconômicas, erros, fraudes, malversação, abusos, desvios e outras inadequações.

O controle interno deve ser exercido em todos os níveis da entidade do setor público, compreendendo:
- a preservação do patrimônio público;
- o controle da execução das ações que integram os programas;
- a observância às leis, aos regulamentos e às diretrizes estabelecidas.

8.3. CLASSIFICAÇÃO

O controle interno é classificado nas seguintes categorias:
- **operacional** — relacionado às ações que propiciam o alcance dos objetivos da entidade;
- **contábil** — relacionado à veracidade e à fidedignidade dos registros e das demonstrações contábeis;
- **normativo** — relacionado à observância da regulamentação pertinente.

8.4. ESTRUTURA E COMPONENTES

A estrutura do controle interno compreende o ambiente de controle; o mapeamento e a avaliação de riscos; procedimentos de controle; informação e comunicação; e monitoramento.

O ambiente de controle deve demonstrar o grau de comprometimento em todos os níveis da administração com a qualidade do controle interno em seu conjunto.

O mapeamento de riscos é a identificação dos eventos ou das condições que podem afetar a qualidade da informação contábil.

A avaliação de riscos corresponde à análise da relevância dos riscos identificados, incluindo:
- a avaliação da probabilidade de sua ocorrência;
- a forma como serão gerenciados;
- a definição das ações a serem implementadas para prevenir a sua ocorrência ou minimizar seu potencial;
- a resposta ao risco, indicando a decisão gerencial para mitigar os riscos, a partir de uma abordagem geral e estratégica,

considerando as hipóteses de eliminação, redução, aceitação ou compartilhamento.

Riscos são ocorrências, circunstâncias ou fatos imprevisíveis que podem afetar a qualidade da informação contábil.

Procedimentos de controle são medidas e ações estabelecidas para prevenir ou detectar os riscos inerentes ou potenciais à tempestividade, à fidedignidade e à precisão da informação contábil, classificando-se em:

- **procedimentos de prevenção** — medidas que antecedem o processamento de um ato ou um fato, para prevenir a ocorrência de omissões, inadequações e intempestividade da informação contábil;
- **procedimentos de detecção** — medidas que visem à identificação, concomitante ou *a posteriori,* de erros, omissões, inadequações e intempestividade da informação contábil.

O monitoramento compreende o acompanhamento dos pressupostos do controle interno, visando assegurar a sua adequação aos objetivos, ao ambiente, aos recursos e aos riscos.

O sistema de informação e comunicação da entidade do setor público deve identificar, armazenar e comunicar toda informação relevante, na forma e no período determinados, a fim de permitir a realização dos procedimentos estabelecidos e outras responsabilidades, orientar a tomada de decisão, permitir o monitoramento de ações e contribuir para a realização de todos os objetivos de controle interno.

Questões comentadas

01. (Exame CFC 2011 — 1.ª edição)

Presume-se que a entidade não tem a intenção nem a necessidade de entrar em liquidação, nem reduzir materialmente a escala das suas operações; se tal intenção ou necessidade existir, as demonstrações contábeis têm que ser preparadas numa base diferente e, nesse caso, tal base deverá ser divulgada.

A afirmação acima tem por base o princípio da:
a) Continuidade.
b) Oportunidade.
c) Prudência.
d) Relevância.

Resposta: letra A

Comentário:

Vejamos o que diz a Resolução CFC n.º 1282/2010: "Art. 5.º O princípio da continuidade pressupõe que a entidade continuará em operação no futuro e, portanto, a mensuração e a apresentação dos componentes do patrimônio levam em conta esta circunstância."

Pelo princípio da continuidade, as demonstrações contábeis da entidade devem ser elaboradas pressupondo a continuação das suas operações no futuro, ou seja, sem a intenção ou necessidade de entrar em liquidação nem reduzir materialmente sua escala de operações.

Caso exista a intenção ou necessidade de entrar em liquidação, os ativos e passivos da entidade serão avaliados pelo seu valor de realização futura, ou seja, suas demonstrações contábeis serão preparadas numa base diferente daquela avaliada pelos valores originais. Nesse caso, a entidade deverá divulgar as demonstrações contábeis elaboradas nessa base de mensuração.

02. (Exame CFC 2011 — 1.ª edição)

A respeito dos princípios de contabilidade, julgue os itens abaixo e, em seguida, assinale a opção CORRETA.

I. A observância dos princípios de contabilidade é obrigatória no exercício da profissão e constitui condição de legitimidade das Normas Brasileiras de Contabilidade.

II. Os ativos avaliados pelo seu valor de liquidação baseiam-se no princípio da continuidade, pressupondo que a entidade continuará em operação no futuro.

III. A falta de integridade e tempestividade na produção e na divulgação da informação contábil pode ocasionar a perda de sua relevância, por isso é necessário ponderar a relação entre a oportunidade e a confiabilidade da informação.

Está(ao) CERTO(S) apenas o(s) item(ns):

a) I e II.
b) I e III.
c) II.
d) III

Resposta: letra B

Comentário:

Item I — correto, pois reproduz exatamente o art. 1.º, § 1.º da Resolução CFC n.º 750/1993, conforme a seguir:

CAPÍTULO I – DOS PRINCÍPIOS E DE SUA OBSERVÂNCIA

Art. 1.º Constituem PRINCÍPIOS DE CONTABILIDADE (PC) os enunciados por esta Resolução.

§ 1.º A observância dos Princípios de Contabilidade é obrigatória no exercício da profissão e constitui condição de legitimidade das Normas Brasileiras de Contabilidade (NBC).

Item II — errado, pois não condiz com o que afirma o CPC 00 (estrutura conceitual):

> 23. As demonstrações contábeis são normalmente preparadas no pressuposto de que a entidade continuará em operação no futuro previsível. Dessa forma, presume-se que a entidade não tem a intenção nem a necessidade de entrar em liquidação, nem reduzir materialmente a escala das suas operações; se tal intenção ou necessidade existir, as demonstrações contábeis terão que ser preparadas numa base diferente e, nesse caso, tal base deverá ser divulgada.
>
> *Pelo princípio da continuidade, os ativos da entidade devem ser avaliados pressupondo a continuação das suas operações no futuro, ou seja, sem a intenção ou necessidade de entrar em liquidação.*

Item III — correto, pois condiz com o que afirma o CPC 00 (estrutura conceitual),

> 43. Quando há demora indevida na divulgação de uma informação, é possível que ela perca a relevância. A administração da entidade necessita ponderar os méritos relativos entre a tempestividade da divulgação e a confiabilidade da informação fornecida. Para fornecer uma informação na época oportuna pode ser necessário divulgá-la antes que todos os aspectos de uma transação ou evento sejam conhecidos, prejudicando assim a sua confiabilidade. Por outro lado, se para divulgar a informação a entidade aguardar até que todos os aspectos se tornem conhecidos, a informação pode ser altamente confiável, porém de pouca utilidade para os usuários que tenham tido necessidade de tomar decisões nesse ínterim. Para atingir o adequado equilíbrio entre a relevância e a confiabilidade, o princípio básico consiste em identificar qual a melhor forma para satisfazer as necessidades do processo de decisão econômica dos usuários.

03. (Exame CFC 2011 — 2.ª edição)

Em relação à aplicação do princípio do registro pelo valor original, assinale a opção CORRETA.

a) A aplicação do princípio do registro pelo valor original implica que os ativos e passivos sejam registrados pelos valores pagos ou a serem pagos em caixa, não sendo admitidas outras bases de mensuração, tais como valor realizável, valor presente e valor justo.

b) A atualização monetária representa nova avaliação, mediante a aplicação de indexadores ou outros elementos aptos a traduzir a variação do poder aquisitivo da moeda em um dado período, constituindo-se, portanto, um descumprimento do princípio do registro pelo valor original.

c) A atualização monetária representa o ajustamento dos valores originais para determinada data, mediante a aplicação de indexadores ou outros elementos aptos a traduzir a variação do poder aquisitivo da moeda nacional em dado período, não representando um descumprimento do princípio do registro pelo valor original.

d) A redação atualizada da Resolução CFC n.º 750/1993, que trata dos princípios de contabilidade, feita pela Resolução n.º 1.282/2010, aboliu o princípio do registro pelo valor original por estar em desacordo com as novas normas contábeis brasileiras, convergentes às normas internacionais de contabilidade.

Resposta: letra C

Comentário:

Alternativa A— errada, pois a Resolução CFC n.º 1.282/2010, art. 7.º, § 1.º, II, que trata do princípio do registro pelo valor original, admite que os componentes patrimoniais, ativos e passivos, podem sofrer variações decorrentes dos seguintes fatores: custo corrente, valor realizável, valor presente, valor justo, atualização monetária.

Alternativa B — errada, pois a Resolução CFC n.º 1.282/2010, art. 7.º, § 2.º, III, prevê a adoção da atualização monetária para ajustamento dos valores originais.

Alternativa C — correta, pois condiz com a Resolução CFC n.º 1.282/2010, art. 7.º, § 2.º III, a seguir reproduzido:

> Art. 7.º O Princípio do Registro pelo Valor Original determina que os componentes do patrimônio devem ser inicialmente registrados pelos valores originais das transações, expressos em moeda nacional.
>
> (...) § 2.º São resultantes da adoção da atualização monetária:
>
> (...) III — a atualização monetária não representa nova avaliação, mas tão somente o ajustamento dos valores originais para determinada data, mediante a aplicação de indexadores ou outros elementos aptos a traduzir a variação do poder aquisitivo da moeda nacional em um dado período.

Alternativa D — errada, pois a Resolução CFC n.º 1.282/2010 manteve o princípio do registro pelo valor original (art. 7.º), enquanto o principio da atualização monetária foi "incorporado" a ele, deixando de ter o status de princípio.

04. (Exame CFC 2011 — 2.ª edição)

Relacione a base de mensuração na primeira coluna com a descrição respectiva na segunda coluna e, em seguida, assinale a opção CORRETA.

(1) Custo histórico

(2) Custo corrente

(3) Valor de realização ou liquidação

( ) Os ativos são reconhecidos pelos valores em caixa ou equivalentes de caixa que teriam de ser pagos se esses ativos ou ativos equivalentes fossem adquiridos na data do balanço.

( ) Os ativos são registrados pelos valores pagos ou a serem pagos em caixa ou equivalentes de caixa ou pelo valor justo dos recursos que são entregues para adquiri-los na data da aquisição.

( ) Os ativos são mantidos pelos valores em caixa ou equivalentes de caixa que poderiam ser obtidos pela venda em uma forma ordenada.

A sequência CORRETA é:

a) 2, 1, 3.

b) 2, 3, 1.

c) 3, 2, 1.

d) 3, 1, 2.

Resposta: letra A

Comentário:

Para resolução dessa questão, segue a reprodução do art. 7.º da Resolução 1.282/2010, que trata do princípio do registro pelo valor original:

> Art. 7.º O Princípio do Registro pelo Valor Original determina que os componentes do patrimônio devem ser inicialmente registrados pelos valores originais das transações, expressos em moeda nacional. § 1.º (...)
>
> I – Custo histórico. Os ativos são registrados pelos valores pagos ou a serem pagos em caixa ou equivalentes de caixa ou pelo valor justo dos recursos que são entregues para adquiri-los na data da aquisição. (...)
>
> II — (...)
>
> a) Custo corrente. Os ativos são reconhecidos pelos valores em caixa ou equivalentes de caixa, os quais teriam de ser pagos se esses ativos ou ativos equivalentes fossem adquiridos na data ou no período das demonstrações contábeis. (...)
>
> b) Valor realizável. Os ativos são mantidos pelos valores em caixa ou equivalentes de caixa, os quais poderiam ser obtidos pela venda em uma forma ordenada (...)

Portanto, a resposta correta é a alternativa "A", que traz a sequência correta dos respectivos conceitos. Vale ressaltar que a expressão "valor realizável" é equivalente a "valor de realização ou liquidação".

05. (Exame CFC 2011 — 2.ª edição)

Classifique os métodos de avaliação do ativo, a seguir enumerados, como valor de entrada ou saída:

- Custo histórico
- Valor de liquidação
- Valor realizável líquido
- Custo corrente de reposição

A sequência CORRETA é:

a) entrada, saída, entrada, entrada.
b) entrada, saída, saída, entrada.
c) saída, entrada, saída, entrada.
d) saída, saída, saída, entrada.

Resposta: **letra B**

Comentário:

Para resolução dessa questão, vejamos os conceitos básicos de cada método de avaliação:

1. Custo histórico: refere-se a uma entrada, pois corresponde ao custo de aquisição de determinado ativo.
2. Valor de liquidação: refere-se a uma saída, pois é aquele que a entidade tem caso seja necessário proceder à sua liquidação.
3. Valor realizável líquido: refere-se a uma saída, pois é o preço de venda estimado no curso normal dos negócios deduzido dos custos estimados para sua conclusão e dos gastos estimados necessários para se concretizar a venda. (**Resolução CFC nº 1.170, de 29 de maio de 2009**)
4. Custo corrente de reposição: refere-se à entrada, pois corresponde ao montante necessário para repor bens ou serviços.

Portanto, a alternativa correta é a letra B: entrada, saída, saída, entrada.

06. (Exame CFC 2011 — 2.ª edição)

Em relação à aplicação do princípio da oportunidade, assinale a opção INCORRETA.

a) A falta de integridade e tempestividade na produção e na divulgação da informação contábil pode ocasionar a perda de sua relevância.

b) É necessário ponderar a relação entre a oportunidade e a confiabilidade da informação, de forma a tentar equilibrar as duas qualidades.

c) É necessário considerar que a confiabilidade tem prioridade em relação à tempestividade da informação produzida, sendo sempre preferível sacrificar a tempestividade em prol da confiabilidade.

d) Esse princípio de contabilidade refere-se ao processo de mensuração e apresentação dos componentes patrimoniais para produzir informações íntegras e tempestivas.

Resposta: letra C

Comentário:

Alternativa A — correta, pois condiz com a Resolução CFC n.º 1.282/2010 (que atualizou a Resolução 750/1993), em seu art. 6.º, parágrafo único: "A falta de integridade e tempestividade na produção e na divulgação da informação contábil pode ocasionar a perda de sua relevância."

Alternativa B — correta, pois em continuidade ao texto do artigo citado na alternativa A, "é necessário ponderar a relação entre a oportunidade e a confiabilidade da informação".

Alternativa C — errada, pois não há que se sobrepor a confiabilidade à tempestividade. É necessário ponderar as duas características para manter a integridade da informação contábil. Ver o CPC 00 (estrutura conceitual),

43. *Quando há demora indevida na divulgação de uma informação, é possível que ela perca a relevância.* **A administração da entidade necessita ponderar os méritos relativos entre a tempestividade da divulgação e a confiabilidade da informação fornecida.** *Para fornecer uma informação na época oportuna pode ser necessário divulgá-la antes que todos os aspectos de uma transação ou evento sejam conhecidos, prejudicando assim a sua confiabilidade. Por outro lado, se para divulgar a informação a entidade aguardar até que todos os aspectos se tornem conhecidos, a informação pode ser altamente confiável, porém de pouca utilidade para os usuários que tenham tido necessidade de tomar decisões nesse ínterim. Para atingir o adequado equilíbrio entre a relevância e a confiabilidade, o princípio básico consiste em identificar qual a melhor forma para satisfazer as necessidades do processo de decisão econômica dos usuários.*

Alternativa D — correta, pois reproduz literalmente o enunciado no art. 6.º da Resolução n.º 1.282/2010: "O princípio da oportunidade refere-se ao processo de mensuração e apresentação dos componentes patrimoniais para produzir informações íntegras e tempestivas."

07. (Exame de Suficiência CFC 2011 — 2.ª edição)

Redução ao valor recuperável de ativos se aplica a todos os ativos a seguir, EXCETO a:

a) Ativo intangível.
b) Estoque.
c) Imobilizado.
d) Investimento em controlada.

Resposta: letra B

Comentário:

Essa questão se refere à NBC T 19.10, que trata da redução ao valor recuperável de ativos (Pronunciamento CPC 01). A norma objetiva assegurar que os ativos não estejam registrados contabilmente por um valor superior àquele passível de ser recuperado por uso ou por venda.

A aplicabilidade da norma se estende aos ativos relevantes (inclui os ativos dos balanços utilizados para equivalência patrimonial e consolidação, bem como os ativos reavaliados). São exceções: estoques, ativos financeiros e ativos fiscais diferidos. Portanto, a alternativa correta é a letra B.

08. (Exame CFC 2000 — 1.ª edição)

Os regimes contábeis da receita e despesa segundo a Lei n.º 4.320/1964 são, respectivamente:

a) Competência e misto.
b) Caixa e prudência.
c) Caixa e competência.
d) Competência e caixa.

Resposta: letra C

Comentário:

Segundo a Lei n.º 4.320/1964, art. 35. Pertencem ao exercício financeiro: I — as receitas nele arrecadadas; II — as despesas nele legalmente empenhadas. Assim, entendemos que o Brasil adota o chamado regime misto, ou seja, regime de caixa para o lançamento de receitas orçamentárias e regime de competência para o lançamento de despesas orçamentárias.

Vale ressaltar que, em virtude das mudanças promovidas na contabilidade aplicada ao setor público, o princípio da competência será adotado para contabilização das variações patrimoniais aumentativas e diminutivas.

09. (Exame CFC 2011 — 1.ª edição)

Indique o registro contábil CORRETO considerando as informações disponíveis, para registrar a previsão inicial da receita orçamentária:

a) Débito: Previsão inicial da receita orçamentária
   Crédito: Receita orçamentária a realizar

b) Débito: Receita a realizar
Crédito: Receita fixada

c) Débito: Variação patrimonial diminutiva
Crédito: Variação patrimonial aumentativa

d) Débito: Receita a realizar
Crédito: Variação patrimonial aumentativa

Resposta: letra A

Comentário:

De acordo com o *Manual de Contabilidade Aplicada ao Setor Público*, o registro da previsão inicial da receita, conforme aprovação da Lei Orçamentária Anual é efetuado a débito na conta *Previsão inicial da receita*, que pertence à classe 5 — Controles de aprovação do planejamento e orçamento, e a crédito na conta Receita a realiza, pertencente à classe Controles da execução do planejamento e orçamento.

10. (Exame CFC 2003 – 2ª edição

O superávit financeiro que permitirá a abertura de créditos suplementares nos termos da lei é apurado em:

a) Balanço das variações patrimoniais

b) Balanço financeiro

c) Balanço orçamentário

d) Balanço patrimonial

Resposta: letra D

Comentário:

A Lei n.º 4.320/64 (art. 43) estabeleceu a regra para a apuração do superávit financeiro como sendo a subtração do ativo financeiro com o passivo financeiro, caso seja positiva a diferença encontrada deduzindo-se os saldos dos créditos adicionais transferidos e as operações de crédito a eles vinculados.

11. (Exame CFC 2003 – 2ª edição

O saldo positivo das diferenças acumuladas mês a mês, entre a arrecadação prevista e a realizada, considerando-se ainda a tendência do exercício, entende-se por:

a) Excesso de arrecadação
b) Superávit financeiro
c) Ativo real líquido
d) Superávit orçamentário

Resposta: letra A

Comentário:

De acordo com a Lei n.º 4.320/1964 (art. 43) entende-se por excesso de arrecadação o saldo positivo das diferenças acumuladas mês a mês entre a arrecadação prevista e a realizada, considerando-se, ainda, a tendência do exercício.

12. (Exame CFC 2011— 2.ª edição)

Relacione a classe descrita na primeira coluna com exemplos de grupo de contas na segunda coluna e, em seguida, assinale a opção CORRETA.

(1) Variação patrimonial diminutiva

(2) Variação patrimonial aumentativa

(3) Controles da execução do planejamento e orçamento

(4) Controles devedores

(5) Controles credores

( ) Tributos e contribuições, venda de mercadorias, valorização e ganhos de ativos, planejamento aprovado, orçamento aprovado, inscrição de restos a pagar.

( ) Execução dos atos potenciais, execução da administração financeira, Execução da dívida ativa, execução dos riscos fiscais, apuração de custos.

( ) Pessoal e encargos, benefícios previdenciários, tributos e contribuições, uso de bens, serviços e consumo de capital fixo.

( ) Atos potenciais, administração financeira, dívida ativa, riscos fiscais, custos.

( ) Execução do planejamento, execução do orçamento, execução de restos a pagar.

A sequência CORRETA é:

a) 2, 5, 3, 4, 1.
b) 2, 5, 1, 4, 3.
c) 2, 4, 1, 5, 3.
d) 2, 3, 1, 4, 5

Resposta: letra B

Comentário:

Para responder à questão, deve-se reportar ao Volume IV — Plano de Contas Aplicado ao Setor Público do MCASP. Ao todo são oito classes de contas representativas das naturezas patrimonial, orçamentária e de controle. As classes de "variações patrimoniais aumentativas" e "variações patrimoniais diminutivas" representam a natureza patrimonial. Por sua vez, as classes "controles de aprovação do planejamento e orçamento" e "controles de execução do planejamento e orçamento" representam a natureza orçamentária. Já as classes "controles devedores" e "controles credores" representam a natureza controle.

13. (Exame CRC 2012)

Relacione os subsistemas de informações da Contabilidade Aplicada ao Setor Público descritas na primeira coluna com os seus objetivos na segunda coluna e, em seguida, assinale a opção CORRETA.

(1) Orçamentário
(2) Patrimonial

(3) Custos

(4) Compensação

( ) Registrar, processar e evidenciar os atos e os fatos relacionados ao planejamento e à execução orçamentária.

( ) Registrar, processar e evidenciar os atos de gestão cujos efeitos possam produzir modificações no patrimônio da entidade do setor público, bem como aqueles com função especificas de controle.

( ) Registrar, processar e evidenciar os custos dos bens e serviços, produzidos e ofertados a sociedade pela entidade pública.

( ) Registrar, processar e evidenciar os fatos financeiros e não financeiros relacionados com as variações qualitativas e quantitativas do patrimônio público.

A sequência CORRETA é:

a) 2, 4, 3, 1.

b) 2, 3, 4, 1.

c) 1, 4, 3, 2.

d) 1, 2, 3, 4.

Resposta: letra C

Comentário:

As NBCASP estruturam o sistema contábil público nos seguintes subsistemas:

a) Subsistema de informações orçamentárias – registra, processa e evidencia os atos e os fatos relacionados ao planejamento e à execução orçamentária, tais como: orçamento; programação e execução orçamentária; alterações orçamentárias; e resultado orçamentário.

b) Subsistema de informações patrimoniais – registra, processa e evidencia os fatos financeiros e não financeiros relacionados com as variações do patrimônio público, subsidiando a administração com informações tais como: alterações nos elementos patrimoniais; resultado econômico; e resultado nominal.

c) Subsistema de custos – registra, processa e evidencia os custos da gestão dos recursos e do patrimônio públicos, subsidiando a administração com informações tais como: custos dos programas, dos projetos e das atividades desenvolvidas; bom uso dos recursos públicos; e custos das unidades contábeis.

d) Subsistema de compensação - registra, processa e evidencia os atos de gestão cujos efeitos possam produzir modificações no patrimônio da entidade do setor público, bem como aqueles com funções específicas de controle, subsidiando a administração com informações tais como: alterações potenciais nos elementos patrimoniais; e acordos, garantias e responsabilidades

14. (Exame CRC 2012)

Em relação à Demonstração do Resultado Econômico, assinale a opção incorreta:

a) A demonstração deve ser elaborada de forma independente do sistema de custos.

b) A demonstração evidencia o resultado econômico de ações na contabilidade do setor público.

c) A receita econômica é o valor apurado a partir de benefícios gerados à sociedade pela ação pública, obtido por meio da multiplicação da quantidade de serviços prestados, bens ou produtos fornecidos, pelo custo de oportunidade.

d) O custo de oportunidade é o valor que seria desembolsado na alternativa desprezada de menor valor entre aquelas consideradas possíveis para a execução da ação pública.

Resposta: letra A

Comentário:

A NBCT 16.6 criou a Demonstração do Resultado Econômico (DRE) com o intuito de evidenciar a eficiência na gestão dos recursos no serviço público. A DRE sugere que, no mínimo, as ações e/ou serviços públicos sejam monitoradas passo a passo por um sistema de contabilidade e controladoria estritamente técnico e dotado de instrumental normativo perfeitamente definido; caso contrário, poderão ensejar evasão de recursos oriundos dos cidadãos, que os entrega à instituição Estado para serem aplicados nas necessidades essenciais de uma sociedade. Nesse contexto, o Conselho Federal de Contabilidade, por meio da Resolução n° 1.129/08, que aprovou a NBCT 16. 2 – Patrimônio e Sistemas Contábeis, estabeleceu o Subsistema de Custos que tem como objetivo registrar, processar e evidenciar os custos dos bens e serviços, produzidos e ofertados à sociedade pela entidade pública.

15. (**Exame CRC 2012**)

Uma entidade pública pretende adquirir um veículo e quer analisar qual o efeito da depreciação, usando o método das cotas constantes e o método da soma dos dígitos. O valor bruto contábil é R$ 52.000,00; foi determinado o valor residual de R$ 12.000,00 e valor depreciável de R$ 40.000,00. A vida útil do bem é de 5 anos, conforme a política da entidade. A taxa de depreciação será calculada anualmente para efeito de decisão.

Assim, mantidas as demais premissas, os valores líquidos contábeis, no uso do calculo da depreciação pelo método das cotas constantes e pelo método da soma dos dígitos, respectivamente, ao final do quarto ano, são:

a) R$10.400,00 e R$3.466,67.
b) R$20.000,00 e R$14.666,67.
c) R$20.800,00 e R$10.400,00.
d) R$28.000,00 e R$20.000,00.

Resposta: letra B

Comentários:

MÉTODOS DE DEPRECIAÇÃO, AMORTIZAÇÃO E EXAUSTÃO

Sem prejuízo da utilização de outros métodos de cálculo dos encargos de depreciação, podem ser adotados:

- o método das quotas constantes;
- o método das somas dos dígitos;
- o método das unidades produzidas.

1. Método das quotas constantes ou em linha reta

Este é o método mais utilizado pelas empresas privadas no Brasil. Para melhor compreendê-lo, vejamos o exemplo a seguir:

- Custo do ativo = $ 52.000
- Valor depreciável = $ 40.000
- Valor residual = $ 12.000
- Tempo de vida útil = 5 anos

a) Cálculo da depreciação:

$$\text{Valor da depreciação do período} = \frac{52.000 - 12.000}{5 \text{ anos}} = R\$ \ 8.000$$

Uma vez encontrado o valor da depreciação, podemos elaborar um mapa indicando as parcelas a serem apropriadas nas variações passivas em cada período, bem como o valor acumulado e o valor contábil respectivo, conforme abaixo:

b) Tabela das cotas de depreciação anual.

Período	Depreciação anual	Acumulada	Valor contábil
1	8.000	8.000	44.000
2	8.000	16.000	36.000
3	8.000	24.000	28.000
4	8.000	32.000	20.000
5	8.000	40.000	12.000 (valor residual)
Total	40.000		

2. Método das somas dos dígitos

Este método não distribui igualmente o valor da depreciação pelo número de períodos da vida útil, mas ao contrário, considera que seu valor é decrescente a partir do total de anos e assim por diante. Assim, se utilizarmos o mesmo exemplo anterior, temos que a soma dos dígitos corresponde a 15 (1 + 2 + 3 + 4 + 5) e, neste caso, teríamos o seguinte calculo das cotas anuais de depreciação:

Período	Taxa	Depreciação anual	Acumulada	Valor contábil
1	5/15	13.333,33	13.333,33	38.666,66
2	4/15	10.666,66	24.000,00	28.000,00
3	3/15	8.000	32.000,00	20.000,00
4	2/15	5.333,33	37.333,00	14.666,66
5	1/15	2.666,66	40.000,00	12.000,00 (valor residual)
Total		40.000,00		

16. (Exame CRC 2012)

De acordo com a NBC TSP 16.1 e a NBC TSP 16.5, as entidades do setor público devem manter procedimentos uniformes de registros contábeis, por meio de processo manual, mecanismo ou eletrônico, em rigorosa ordem cronológica, como suporte as informações.

As características do registro e da informação contábil apresentadas abaixo são verdadeiras, EXCETO.

a) Fidedignidade – onde os registros contábeis realizados e as informações apresentadas devem representar fielmente o fenômeno contábil que lhes deu origem.

b) Imparcialidade – onde os registros contábeis devem ser realizados e as informações devem ser apresentadas de modo a privilegiar interesses específicos e particulares de agentes e/ou entidades.

c) Integridade – onde os registros contábeis e as informações apresentadas devem reconhecer os fenômenos patrimoniais em sua totalidade, não podendo ser omitidas quaisquer partes do fato gerador.

d) Verificabilidade – onde os registros contábeis realizados e as informações apresentadas devem possibilitar o reconhecimento das suas respectivas validades.

Resposta: letra B

Comentários:

De acordo com o texto da norma, o texto correto deveria ser:

Imparcialidade — onde os registros contábeis devem ser realizados e as informações devem ser apresentadas de modo a **NÃO** *privilegiar interesses específicos e particulares de agentes e/ou entidades.*